Mon école, mon projet, notre réussite!

Comment réaliser l'analyse de la situation?

Collection *Parcours pédagogiques*

La collection **Parcours pédagogiques** réunit des publications destinées à accompagner et à appuyer les enseignants et tous les intervenants en éducation dans leur pratique quotidienne.

Nicole Tardif, Louise Royal,
Louise L. Lafontaine et Louise Simon

Mon école, mon projet, notre réussite !

Comment réaliser l'analyse de la situation ?

Centre de ressources de la Faculté d'éducation
Université d'Ottawa - University of Ottawa
Faculty of Education Resource Centre

Catalogage avant publication de la Bibliothèque nationale du Canada

Tardif, Nicole

Mon école, mon projet, notre réussite ! Comment réaliser l'analyse de la situation ?

(Parcours pédagogiques)
Comprend des réf. bibliogr.

ISBN 2-89428-220-6

1. Projet éducatif. 2. Éducation - Planification. 3. Évaluation en éducation. 4. Succès scolaire.
5. Éducation - Finalités. 6. Projet éducatif - Québec (Province) I. Tardif, Nicole. II. Collection : Parcours pédagogiques.

LB41.M687 2003   370'.1   C2003-941802-2

Édition et direction de la collection : Suzanne Bélanger
Révision linguistique et correction d'épreuves : Corinne de Vailly
Illustrations à l'intérieur de l'ouvrage et sur la couverture : Marc Mongeau
Conception et réalisation de la maquette intérieure : Christian Campana
Conception et réalisation de la couverture : Christian Campana

Éditions Hurtubise HMH ltée
1815, avenue De Lorimier, Montréal (Québec) CANADA H2K 3W6
Téléphone : (514) 523-1523 • Télécopieur : (514) 523-9969

Distribution Canada : Hurtubise HMH   http://www.hurtubisehmh.com
Distribution France : Librairie du Québec à Paris   liquebec@noos.fr

Dans cet ouvrage, le masculin est utilisé sans aucune discrimination et dans le seul but d'alléger le texte.

Les Éditions Hurtubise HMH bénéficient du soutien des institutions suivantes pour leurs activités d'édition : gouvernement du Canada par l'entremise du Programme d'aide au développement de l'industrie de l'édition (PADIÉ) et Programme de crédit d'impôt pour l'édition de livres du gouvernement du Québec.

ISBN 2-89428-220-6
Dépôt légal – 4e trimestre 2003
Bibliothèque nationale du Québec
Bibliothèque nationale du Canada

Imprimé au Canada

Table des matières

Préambule

Depuis 2002, dans le cadre de nos projets de formation continue, nous avons accompagné des directions d'établissements scolaires dans leur démarche d'élaboration et de réalisation du plan de réussite. Nous avons donc conçu des outils qui ont été enrichis, grâce aux nombreuses observations et critiques constructives au cours des échanges avec les directions d'établissements, les professionnels du ministère de l'Éducation et les administrateurs de différentes commissions scolaires.

Au terme de nos interventions, nous avons constaté que nous avions amassé beaucoup d'informations, produit de nombreux outils et réalisé quantité de schémas et tableaux pour faciliter la compréhension de ce processus. Pourquoi placer tout cela dans nos classeurs? De nouvelles directions d'établissements pourraient tirer profit de cette information; des équipes de direction pourraient les utiliser afin d'organiser le travail de collaboration dans leur milieu; des membres d'un conseil d'établissement trouveraient peut-être cette information éclairante compte tenu de leurs nouvelles responsabilités; une équipe-école apprécierait sûrement prendre connaissance des différentes étapes au moment d'entreprendre la révision de son projet éducatif. Bref, nous avons cru que plusieurs interlocuteurs pourraient être désireux d'avoir accès à des précisions et des outils facilitant les étapes de l'analyse de la situation, du projet éducatif, du plan de réussite et de la reddition de comptes. *Mon école, mon projet, notre réussite!* traitera de l'analyse de la situation, étape fondamentale et essentielle à la réalisation du projet éducatif, du plan de réussite et de l'évaluation. Ces étapes subséquentes sont présentées dans un deuxième ouvrage, intitulé: *Comment réaliser et évaluer un projet éducatif et son plan de réussite?*

Introduction

Depuis la modification de la Loi sur l'instruction publique (LIP) en décembre 2002, le projet éducatif s'inscrit dans une démarche qui s'amorce par une analyse de la situation, qui se réalise par un plan de réussite et qui fait l'objet d'une évaluation périodique diffusée lors de la reddition de comptes annuelle. De plus, chaque commission scolaire a dorénavant l'obligation de concevoir un plan stratégique qui est pris en compte par l'établissement dans l'élaboration de son projet éducatif.

Outre ces justifications légales et bureaucratiques, il semble important, pour donner du sens à cette démarche, de répondre à trois questions de départ : pourquoi, pour qui et comment planifier et réaliser son projet éducatif et son plan de réussite ?

Pourquoi ?

L'école détient sa propre marge de manœuvre par rapport au projet éducatif national et à l'égard des plans stratégiques du Ministère et de la commission scolaire. C'est par son projet éducatif et sa mise en œuvre par le plan de réussite que l'école affirme comment elle entend accompagner les élèves de la communauté qu'elle dessert dans leur cheminement scolaire.

Pour qui ?

L'école publique ne fait pas de discrimination. Son projet éducatif et son plan de réussite s'adressent à tous les élèves : ceux pour qui tout semble facile et ceux qui vivent des problématiques particulières de manière permanente ou passagère. Pour chacun d'eux, l'école vise la réussite sur le plan de l'instruction, de la socialisation et de la qualification. C'est donc de tous les élèves dont il sera question dans le projet éducatif et le plan de réussite.

Comment ?

Si le Ministère fixe des balises aux diverses étapes ainsi que par rapport à certains indicateurs, il ne fournit pas de modèle précis à adopter par l'ensemble du réseau des écoles. Il y a une ouverture à la prise en charge, par chacun des milieux, des visées, des actions et des résultats attendus. Par ailleurs, certaines conditions, précisées ou non par la loi, devraient favoriser l'accomplissement du projet éducatif et de son plan de réussite.

Nous mettrons l'accent sur les conditions suivantes :
- La mobilisation de l'ensemble des acteurs qui doivent jouer un rôle actif dans le processus ;
- Des priorités d'action basées sur l'état de la situation des élèves de l'établissement ;
- Une concertation qui fait en sorte que les actions sont orientées dans une même direction ;
- Et un souci de l'évaluation continue du processus et de ses résultats.

Par cet ouvrage, nous souhaitons devenir votre guide dans la planification et la réalisation de votre analyse de la situation, cette étape qui précède l'élaboration, ou la révision, du projet éducatif.

Le premier chapitre présente le plan d'ensemble. Vous y trouverez notre vision de l'ensemble du processus de gestion de la mission éducative et les liens à faire par rapport aux aspects légaux et prescriptifs. De plus, nous apportons des indications qui concernent les plans stratégiques du Ministère et des commissions scolaires.

Le chapitre 2 constitue le cœur de cet ouvrage en ce sens qu'il présente l'analyse de la situation et comment la réaliser et l'utiliser.

Enfin, la troisième partie vous propose des outils pratiques pour favoriser la réussite de cette démarche.

Tout au long de l'ouvrage, vous trouverez des tableaux synthèses qui vous permettront de saisir rapidement l'information et de la retrouver tout aussi facilement.

Vous pouvez évidemment entreprendre la lecture de cet ouvrage par l'une ou l'autre de ses sections, selon vos besoins. Certains seront davantage à la recherche du comment faire, ils pourront alors consulter la section des outils pratiques. D'autres auront besoin de mieux comprendre les tenants et les aboutissants et se plongeront dans la première section qui leur fournira plusieurs réponses. Enfin, si vous avez besoin d'établir votre démarche de réalisation de l'analyse de la situation, c'est assurément le chapitre 2 qui saura vous soutenir.

Bonne lecture !

Chapitre 1

Plan d'ensemble et aspects légaux

*Il y a plus de courage que de talent
dans la plupart des réussites.*

Félix Leclerc

Les transformations vécues dans le milieu éducatif au Québec ne sont pas des phénomènes isolés : toute l'administration publique, au cours des dernières années, a revu son rapport au citoyen. Les attentes à l'égard de la fonction publique ont exigé de la part des politiciens et des administrateurs responsables de redéfinir les missions des différents ministères et, surtout, la manière de rendre compte de la qualité des services rendus.

Le présent chapitre vise donc à présenter une vue d'ensemble afin de donner une perspective plus large et de vous permettre de faire des liens entre les choix et les tendances qui teintent dorénavant l'administration des services publics et ce qui est attendu de votre établissement.

Cependant, il nous est apparu aussi essentiel, puisque nous avons choisi de consacrer ce premier livre à l'analyse de la situation, de donner un aperçu clair de l'ensemble du processus qui concerne votre établissement. Ainsi, après avoir situé le contexte, nous présentons les composantes en lien avec le projet éducatif, c'est-à-dire l'analyse de la situation, le plan de réussite et la reddition de comptes. Nous mettons en lumière leur articulation et les liens qu'il faut y voir avec le plan stratégique de la commission scolaire et celui du ministère de l'Éducation. Par la suite, nous explorons plus particulièrement le processus de l'analyse de la situation à la reddition de compte du point de vue de l'établissement scolaire.

Puisqu'il s'agit d'un processus encadré par une législation, nous avons cru important de consacrer deux sections à la mise en lumière d'une part des modifications récemment apportées à la Loi sur l'instruction publique et des précisions quant aux responsabilités des différentes instances et, d'autre part, des liens entre la LIP et la Loi sur l'administration publique.

Enfin, nous terminons ce chapitre par des informations concernant le plan stratégique de la commission scolaire et les indicateurs nationaux.

D'abord une vue d'ensemble

Depuis mai 2000, en vertu de la Loi sur l'administration publique, un nouveau cadre de gestion est instauré pour la fonction publique. Celui-ci est axé sur l'atteinte des résultats attendus, sur le respect du principe de la transparence et sur une imputabilité accrue de l'administration devant l'Assemblée nationale en vue d'affirmer la priorité accordée à la qualité du service au citoyen.

La Loi de l'administration publique lie le ministère de l'Éducation et a une incidence sur le réseau scolaire. Elle oblige le Ministère à établir un plan stratégique qui doit orienter son action et à produire un rapport annuel en conformité avec les objectifs de son plan. Ce plan doit prendre appui sur les besoins de ses clientèles.

Les plans stratégiques des commissions scolaires et les plans de réussite des établissements sont le prolongement dans le réseau scolaire de cette démarche qui consiste à implanter un processus de gestion par résultats, fondé sur les dispositions de la Loi sur l'instruction publique, portant sur la reddition de comptes. Dans ce contexte, le défi consiste à bien cerner et définir les rôles et les responsabilités de chacun (ministère de l'Éducation, commissions scolaires, établissements).

La mise en œuvre d'un plan stratégique propre à la situation de chaque commission scolaire sur son territoire est une étape importante pour la bonne marche de l'opération. Il prendra en compte le plan stratégique du ministère de l'Éducation et les plans de réussite des établissements d'enseignement.

Les conseils d'établissement, lieu d'interaction fructueux de tous les acteurs de la pédagogie et de l'organisation scolaire, effectuent une analyse de la situation de leur établissement, étape préalable au projet éducatif et au plan de réussite. Les établissements peuvent ainsi accomplir leur mission d'instruire, de socialiser et de qualifier les élèves dans le cadre du projet éducatif, ou des orientations, élaboré et adopté par leur conseil d'établissement.

Présentation des composantes du processus de gestion

Les composantes du plan stratégique du ministère de l'Éducation, de celui des commissions scolaires et du plan de réussite des établissements sont toutes les mêmes, mais leurs contenus sont propres à chaque situation. Ces composantes s'insèrent dans un processus dynamique comportant des étapes qui assurent la cohérence dans l'élaboration des plans stratégiques et des plans de réussite. Ces étapes sont définies brièvement dans la figure 1 qui suit.

Figure 1 : Les composantes du processus de gestion,
de l'analyse de la situation à la reddition de comptes

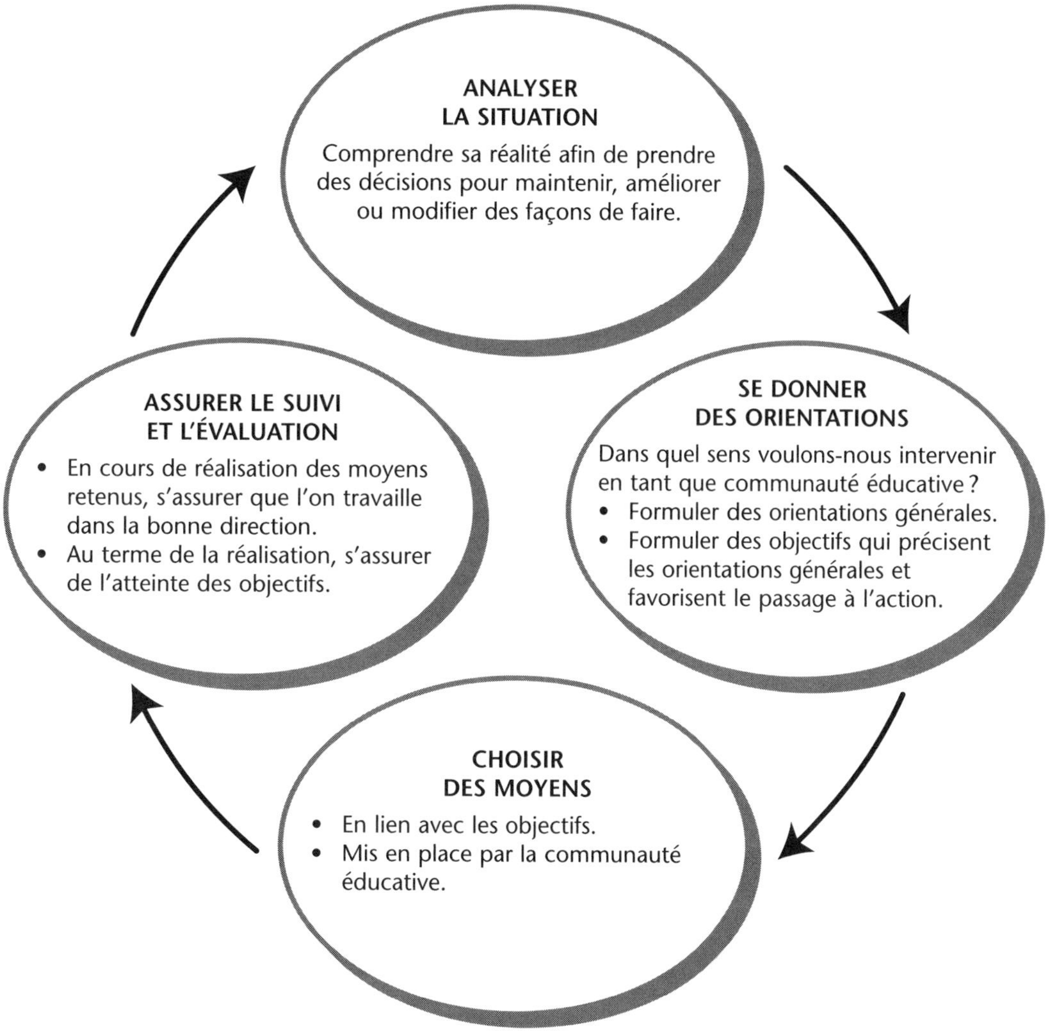

ANALYSER LA SITUATION

Comprendre sa réalité afin de prendre des décisions pour maintenir, améliorer ou modifier des façons de faire.

SE DONNER DES ORIENTATIONS

Dans quel sens voulons-nous intervenir en tant que communauté éducative ?
- Formuler des orientations générales.
- Formuler des objectifs qui précisent les orientations générales et favorisent le passage à l'action.

CHOISIR DES MOYENS

- En lien avec les objectifs.
- Mis en place par la communauté éducative.

ASSURER LE SUIVI ET L'ÉVALUATION

- En cours de réalisation des moyens retenus, s'assurer que l'on travaille dans la bonne direction.
- Au terme de la réalisation, s'assurer de l'atteinte des objectifs.

Articulation des composantes

Figure 2 : Les liens entre les composantes

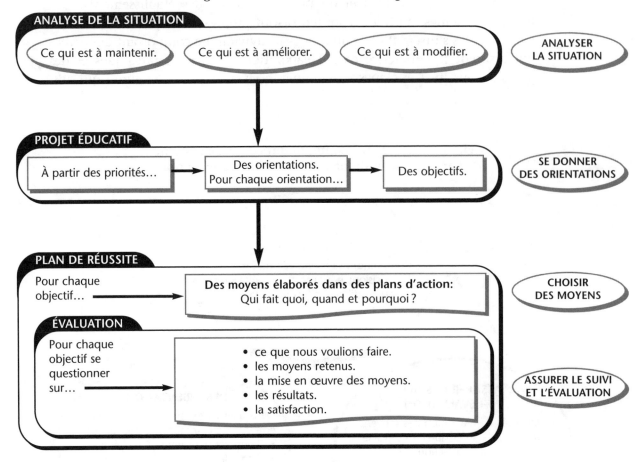

L'ensemble du processus de gestion comporte quatre opérations à la fois distinctes et interreliées : l'analyse de la situation, le projet éducatif, le plan de réussite et l'évaluation.

L'analyse de la situation

L'analyse de la situation est une étape essentielle dans l'élaboration du projet éducatif et du plan de réussite qui en découle.

En fait, l'article 74 de la Loi sur l'instruction publique (amendée en décembre 2002) confère au conseil d'établissement la responsabilité de l'analyse de la situation de l'école. Cette analyse est présentée comme une opération préliminaire ou une étape préalable à l'adoption du projet éducatif. Mais comme le plan de réussite correspond, selon la Loi, à la mise en œuvre du projet éducatif, la même analyse sert tout autant pour l'élaboration du projet éducatif que pour celle du plan de réussite.

Au point de départ de cette analyse, on peut parler d'un bilan, c'est-à-dire d'une première évaluation globale de la performance de l'établissement par rapport à sa mission et à son projet éducatif. On ne peut cependant s'en tenir au bilan ; il faut pousser plus loin et procéder à une analyse objective et approfondie de la situation qui ressort du portrait de l'établissement et qui comporte toutes les données pertinentes, notamment les extrants de l'année précédente. Cette analyse compte trois étapes :

- déterminer les forces et les faiblesses ;
- en chercher les causes et les facteurs ;
- pondérer l'importance des forces et des faiblesses en fonction de la mission de l'établissement, des besoins des élèves et des attentes du milieu.

Les résultats, qui font partie du portrait, constituent des signes ou des indices de la réussite, des élèves, mais aussi de l'école. À partir de ces signes ou de ces indices, et en utilisant au besoin des instruments conçus à cette fin, il est possible d'arriver à déterminer les forces et les faiblesses de l'établissement dans l'accomplissement de sa mission. Si cette vision est partagée par tous les intéressés, il est facile d'obtenir un consensus sur l'importance de trouver les causes des faiblesses. Cependant, il ne faut pas pour autant négliger de trouver les causes des forces si l'on veut les maintenir ou même, si possible, les augmenter.

Le projet éducatif

À partir des priorités stratégiques définies à l'étape de l'analyse de la situation, le projet éducatif contient les orientations et les objectifs propres à l'école.

Compte tenu de la mission de l'école et des conditions dans lesquelles cette mission doit être remplie selon les termes de la Loi sur l'instruction publique, la latitude laissée aux établissements scolaires en matière d'orientation et d'objectif est clairement délimitée. En fait, les orientations et les objectifs qui peuvent distinguer ou particulariser les établissements doivent tenir à l'intérieur du cadre fixé par l'État.

La Loi sur l'instruction publique précise que le projet éducatif (art. 36) est mis en œuvre par le plan de réussite et que la commission scolaire en favorise la mise en œuvre dans chaque école par le plan de réussite (art. 218).

Le projet éducatif de l'école constitue donc les bases et les paramètres de ce que les parents, les élèves, les enseignants, la direction de l'établissement, bref la communauté éducative, considèrent être essentiels pour le développement de l'établissement.

Le plan de réussite

> **La Loi sur l'instruction publique précise que le plan de réussite constitue la mise en œuvre du projet éducatif. Le plan de réussite contient donc les mesures qui favorisent sa réalisation.**

L'équipe-école prépare le plan de réussite : pour chaque objectif, il s'agit de préciser les moyens, les modes d'évaluation, les responsabilités, les échéanciers précis qui sont consignés dans un plan d'action ; chaque mesure ou moyen fait l'objet de suivi et de régulation au cours de l'implantation.

Si le projet éducatif est l'œuvre du conseil d'établissement, le plan de réussite est réalisé à l'initiative de la direction et de l'équipe-école, pour être ensuite approuvé par le conseil d'établissement.

Le projet éducatif et le plan de réussite découlent de décisions prises par différents groupes appelés à travailler ensemble. Ces deux documents distincts ont une fin et une destination spécifiques.

L'évaluation

> **L'évaluation des objectifs du projet éducatif et du plan de réussite est un jugement porté sur le résultat atteint de l'objectif et de la cible visés à partir d'information méthodiquement recueillie en regard d'indicateurs clairement énoncés; des décisions à prendre et des actions à entreprendre découlent de ce jugement.**

L'évaluation permet donc :
- d'analyser et d'apprécier, en tout ou en partie, la réalisation de la mission éducative ;
- de porter un regard critique, constant et constructif sur les intentions, les actions et les résultats ;
- de reconnaître des réussites ;
- d'ajuster les interventions selon l'évolution de la vie de l'établissement ;
- de corriger au besoin des écarts ou des erreurs ;
- de maintenir ou de corriger la trajectoire relative aux orientations et aux priorités établies.

Le projet éducatif de l'établissement et le plan stratégique de la commission scolaire

Le plan stratégique de la commission scolaire consiste à préciser sa mission, ses clientèles, ses partenaires, ses grands enjeux, ses axes d'intervention, ses orientations, ses objectifs, ses cibles et ses résultats. La principale force d'un plan stratégique est d'avoir une mission claire, des objectifs précis et des résultats mesurables.

Le plan stratégique de la commission scolaire doit prendre appui sur sa mission et ses responsabilités et tenir compte des attentes du milieu et des besoins des élèves, tels qu'exprimés par les plans de réussite des établissements. Il doit respecter les grands encadrements législatifs. Il prend également en compte les orientations et les attentes du ministère de l'Éducation et est cohérent par rapport à ses programmes et ses politiques.

Les plans de réussite des établissements, quant à eux, tiennent compte des orientations retenues dans le plan stratégique de la commission scolaire ainsi que du projet éducatif, ou des orientations, selon le type d'établissement. Ces plans doivent donc être intégrateurs, c'est-à-dire traduire le projet éducatif, ou les orientations, en prenant en considération les mesures retenues pour la réussite et la qualification du plus grand nombre possible d'élèves.

Figure 3 : Le plan stratégique et les composantes du projet éducatif

PLAN STRATÉGIQUE

(Orientations) (Objectifs) (Axes d'intervention) (Résultats visés)

ANALYSE DE LA SITUATION

(Ce qui est à maintenir.) (Ce qui est à améliorer.) (Ce qui est à modifier.)

PROJET ÉDUCATIF

À partir des priorités... → Des orientations. Pour chaque orientation... → Des objectifs.

PLAN DE RÉUSSITE

Pour chaque objectif... → Des moyens élaborés dans des plans d'action : qui fait quoi, quand et pourquoi ?

ÉVALUATION

Pour chaque objectif se questionner sur... →
- ce que nous voulions faire.
- les moyens retenus.
- la mise en œuvre des moyens.
- les résultats.
- la satisfaction.

Figure 4 : Projet éducatif national et projet éducatif de l'école

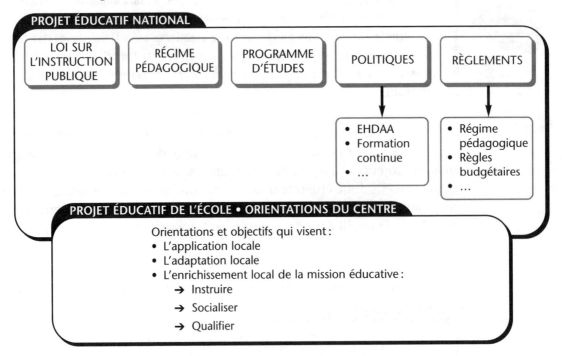

Un modèle intégrateur du processus de gestion de la mission éducative

Nous illustrons notre représentation du processus de gestion de la mission éducative dans un modèle qui regroupe ses principales composantes. Nous y retrouvons la *loi 82* sur l'administration publique qui exerce son influence sur tous les ministères dont celui de l'Éducation. Vient ensuite le *projet éducatif national* visant la réussite du plus grand nombre de jeunes Québécois. Il comprend les grands encadrements tels que la Loi sur l'instruction publique, le régime pédagogique, les programmes de formation ainsi que les politiques et les règlements mis en place pour concourir à la mission d'instruire, de socialiser et de qualifier la clientèle scolaire. Viennent ensuite les plans *stratégiques des commissions scolaires* qui devront contenir le contexte dans lequel elles évoluent ; les principaux enjeux auxquels elles font face ; les indicateurs nationaux qui les concernent ; les orientations stratégiques, les objectifs et les axes d'intervention qu'elles retiennent ; les résultats qu'elles visent ainsi que les mesures qui serviront à leur évaluation.

Les établissements, quant à eux, à la suite d'une analyse rigoureuse de leur situation, discernent les priorités stratégiques sur lesquelles ils doivent intervenir pour améliorer la réussite des élèves de leur milieu. Ils en dégagent des orientations et des objectifs qui vont guider leurs interventions. Des plans d'action sont ensuite élaborés, puis réalisés et évalués. L'ensemble du personnel enseignant doit s'investir dans ces plans puisque c'est là, principalement, que l'action pédagogique se déploie.

Dans ce cadre, la responsabilisation et l'imputabilité prennent place à tous les paliers de notre système d'éducation. L'obligation de rendre compte des résultats obtenus, en fonction d'objectifs préétablis, rendus publics et mesurés à l'aide d'indicateurs, est présente pour tous. Cette nouvelle approche contribuera-t-elle à l'amélioration continue de notre système éducatif en vue d'assurer la réussite du plus grand nombre ? La structure, quelle qu'elle soit, demeure toujours au service des humains qui l'habitent et l'animent. Selon nous, le succès collectif repose d'abord sur l'engagement réel de chaque individu, puis sur son apport à la réalisation de la mission éducative commune.

Figure 5 : Modèle intégrateur du processus de gestion de la mission éducative

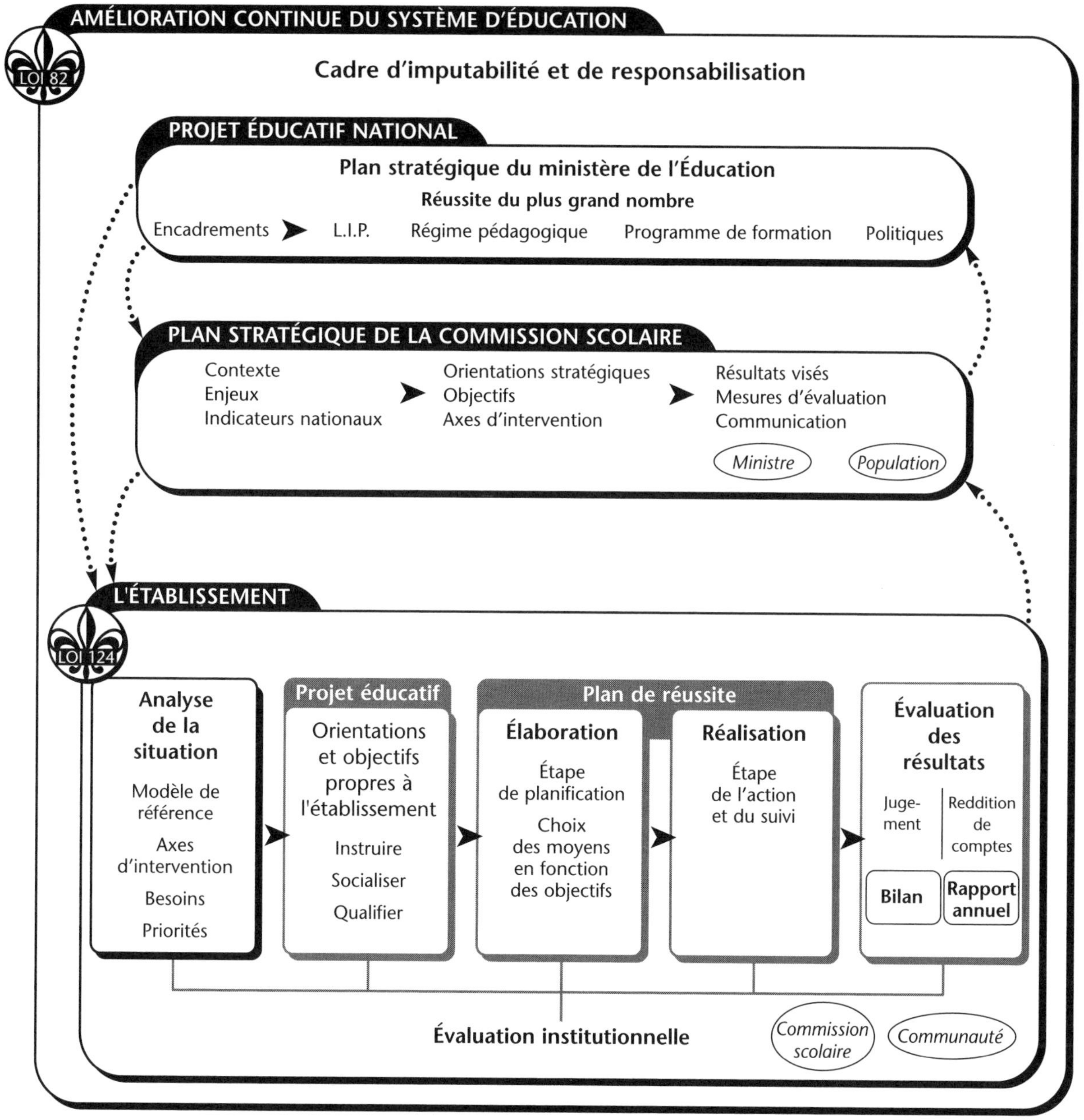

Le processus pour l'analyse de la situation, le projet éducatif et le plan de réussite

À partir de la loi 124, nous vous présentons un schéma sur le processus d'élaboration de l'analyse de la situation, du projet éducatif et du plan de réussite. Afin d'avoir une vue d'ensemble des différentes étapes de cette démarche, la figure 6A (voir p. 21) présente les trois grandes phases importantes, en lien avec la loi, à réaliser. Dans un premier temps, nous retrouvons les trois grandes étapes qui sont : l'analyse de la situation, le projet éducatif et le plan de réussite.

Dans un deuxième temps, nous observons les éléments nécessaires à la réalisation de chacune des phases. Pour l'analyse de la situation, il est important d'utiliser différents moyens pour déterminer les forces et les faiblesses du milieu afin de recueillir les données. À partir de ces renseignements, nous arrivons à la phase du projet éducatif où l'on doit définir nos intentions générales pour ensuite préciser nos objectifs en lien avec la phase du plan de réussite.

Dans un troisième temps, la phase de l'actualisation du plan de réussite demande de préciser une mesure représentative d'un résultat afin de fixer le degré d'atteinte ciblé. Par la suite, chaque établissement pourra déterminer ses moyens pour faciliter la réalisation des objectifs. Dans une gestion axée sur les résultats, la phase du plan de réussite indique l'importance de définir les instruments d'évaluation pour faciliter le suivi et permettre de comparer les résultats atteints avec la cible visée. Toujours dans un esprit de transparence et d'imputabilité, le conseil d'établissement aura l'obligation de rendre des comptes pour justifier ses choix d'action. La figure 6A (voir p. 21) démontre les différentes étapes à respecter pour la réalisation de son projet éducatif et du plan de réussite.

La figure 6B (voir p. 22) illustre le « quoi faire » dans la réalisation du projet éducatif et du plan de réussite à partir d'un exemple.

La Loi sur l'administration publique (loi 82)

Actuellement au Québec, la Loi sur l'administration publique (loi 82) (L.Q., 2000, c.8) instaure, en vue d'affirmer la priorité accordée à la qualité des services aux citoyens, un nouveau cadre de gestion axée sur l'atteinte de résultats, sur le respect du principe de la transparence et sur une imputabilité accrue de l'Administration. Ce type de gestion met l'accent sur la performance des ministères et organismes dans l'atteinte des résultats en fonction d'objectifs préétablis, rendus publics et mesurés à l'aide d'indicateurs. C'est ainsi que les ministères et organismes qui fournissent des services aux citoyens doivent faire une déclaration de leurs objectifs quant au degré et à la qualité de ces services. Chacun d'eux a aussi à rendre compte des résultats atteints, notamment par la production d'un rapport annuel.

Figure 6A : Processus d'élaboration de l'analyse de la situation, du projet éducatif et du plan de réussite

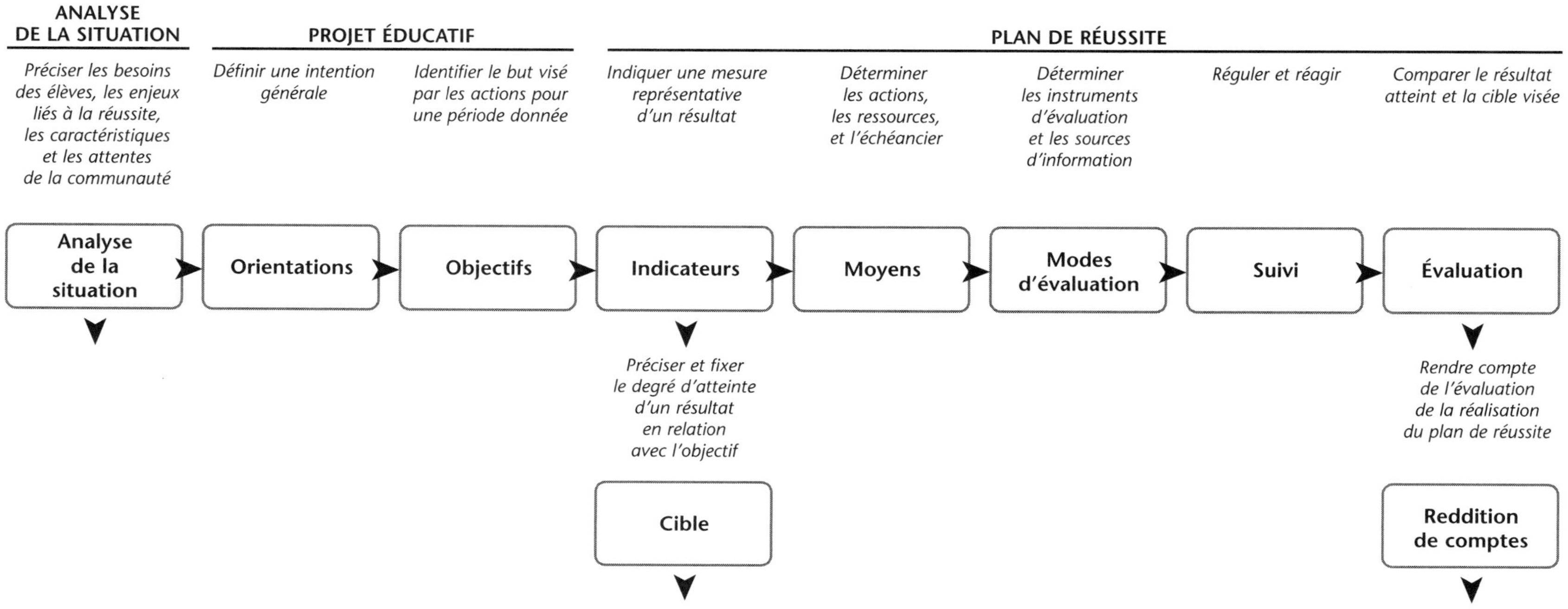

ANALYSE DE LA SITUATION	PROJET ÉDUCATIF			PLAN DE RÉUSSITE			
Analyse de la situation	**Orientations**	**Objectifs**	**Indicateurs**	**Moyens**	**Modes d'évaluation**	**Suivi**	**Évaluation**
Préciser les besoins des élèves, les enjeux liés à la réussite, les caractéristiques et les attentes de la communauté	Définir une intention générale	Identifier le but visé par les actions pour une période donnée	Indiquer une mesure représentative d'un résultat	Déterminer les actions, les ressources, et l'échéancier	Déterminer les instruments d'évaluation et les sources d'information	Réguler et réagir	Comparer le résultat atteint et la cible visée
			Cible				**Reddition de comptes**
			Préciser et fixer le degré d'atteinte d'un résultat en relation avec l'objectif				Rendre compte de l'évaluation de la réalisation du plan de réussite

21

Figure 6B: Processus d'élaboration de l'analyse de la situation, du projet éducatif et du plan de réussite

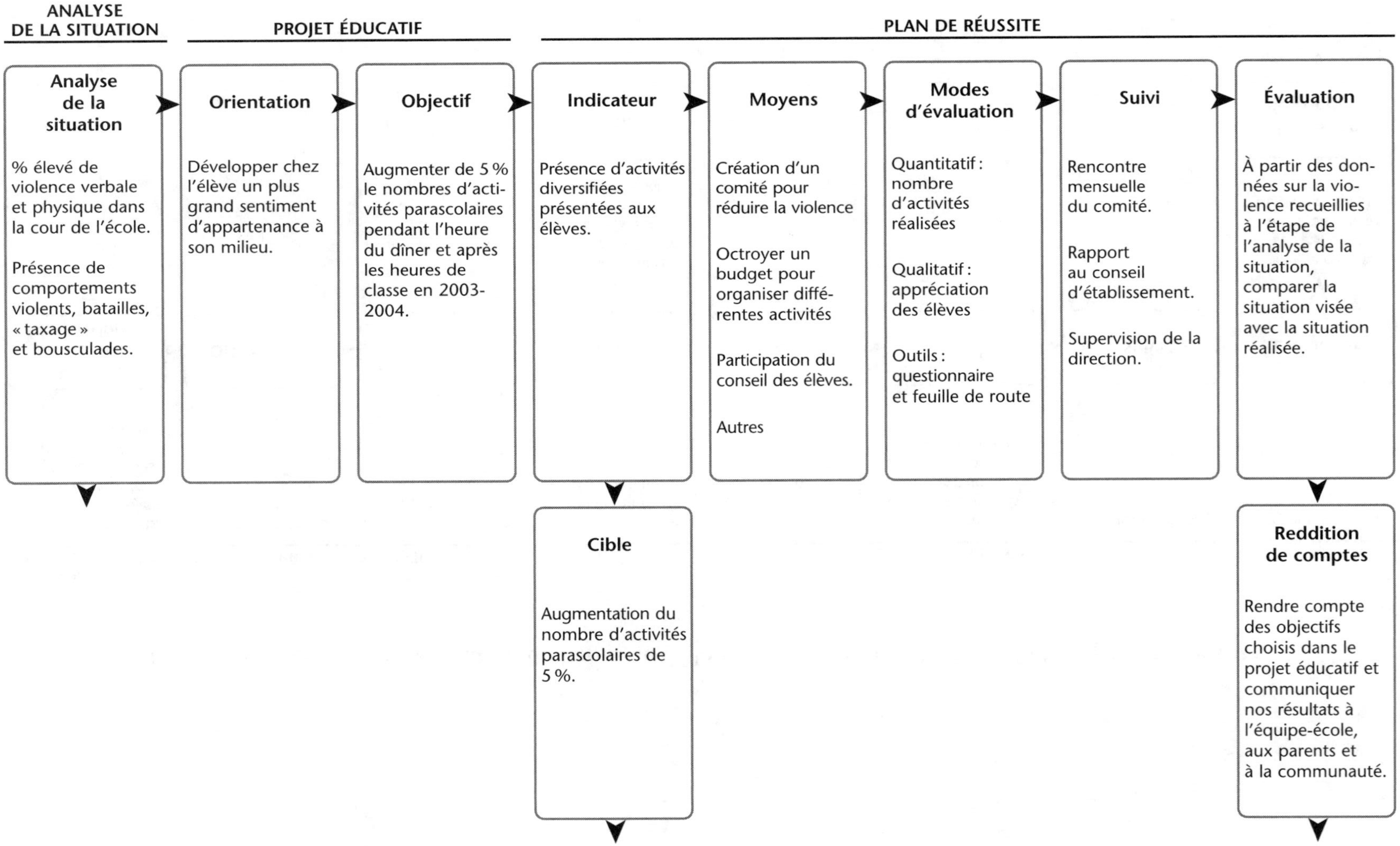

ANALYSE
DE LA SITUATION

PROJET ÉDUCATIF

PLAN DE RÉUSSITE

Analyse de la situation

% élevé de violence verbale et physique dans la cour de l'école.

Présence de comportements violents, batailles, « taxage » et bousculades.

Orientation

Développer chez l'élève un plus grand sentiment d'appartenance à son milieu.

Objectif

Augmenter de 5 % le nombres d'activités parascolaires pendant l'heure du dîner et après les heures de classe en 2003-2004.

Indicateur

Présence d'activités diversifiées présentées aux élèves.

Cible

Augmentation du nombre d'activités parascolaires de 5 %.

Moyens

Création d'un comité pour réduire la violence

Octroyer un budget pour organiser différentes activités

Participation du conseil des élèves.

Autres

Modes d'évaluation

Quantitatif : nombre d'activités réalisées

Qualitatif : appréciation des élèves

Outils : questionnaire et feuille de route

Suivi

Rencontre mensuelle du comité.

Rapport au conseil d'établissement.

Supervision de la direction.

Évaluation

À partir des données sur la violence recueillies à l'étape de l'analyse de la situation, comparer la situation visée avec la situation réalisée.

Reddition de comptes

Rendre compte des objectifs choisis dans le projet éducatif et communiquer nos résultats à l'équipe-école, aux parents et à la communauté.

La gestion axée sur les résultats concerne tous les acteurs de l'État et a fait l'objet d'amendements à la Loi sur l'instruction publique touchant principalement l'école, le centre et la commission scolaire. Depuis 1999, le ministère de l'Éducation mène des travaux sur la modernisation de la gestion publique, notamment sur l'implantation de la gestion par résultats. On trouve d'ailleurs cette orientation dans son plan stratégique 2000-2003.

LA GESTION AXÉE SUR LES RÉSULTATS [1]

Pour répondre à la préoccupation à l'égard du service aux citoyens et aux clients, la gestion axée sur les résultats met l'accent sur ceux-ci plutôt que sur les règles et les procédures. Elle doit, pour ce faire, être intégrée dans les différentes phases du cycle de gestion.

La gestion axée sur les résultats est une approche de gestion fondée sur des résultats mesurables, satisfaisant les objectifs et les cibles définis préalablement en fonction des services à fournir. Elle s'exerce dans un contexte de transparence, de responsabilisation et de flexibilité, quant aux moyens utilisés pour atteindre les résultats visés.

Les effets recherchés

La volonté de développer une gestion axée sur les résultats vise à :
- faire évoluer la culture organisationnelle à travers une gestion plus stratégique qui tient compte des attentes exprimées par la clientèle et des ressources à sa disposition ;
- mettre davantage l'accent sur les résultats plutôt que sur le respect des règles et des normes ;
- responsabiliser et mobiliser les employés à tous les paliers de l'organisation, en allégeant les règles de gestion et en favorisant une plus grande transparence ;
- mesurer les résultats à l'aide d'indicateurs.

Les principes de base

Les principes de la gestion axée sur les résultats sont ainsi définis à l'article 2 de la Loi sur l'administration publique :
- l'atteinte de résultats en fonction d'objectifs préétablis, rendus publics et mesurés à l'aide d'indicateurs ;
- la reddition de comptes portant sur la performance dans l'atteinte des résultats ;
- l'utilisation optimale des ressources ;
- le renforcement de la transparence dans un rapport annuel de gestion.

---

[1] Voir le Guide sur la déclaration de services aux citoyens.

Les incidences dans le monde de l'éducation

En mars 2000, le ministère de l'Éducation déposait son plan stratégique 2000-2003 et demandait à chaque établissement scolaire de produire, à partir d'indicateurs nationaux, un plan de réussite qui conduirait à l'amélioration de la réussite des élèves. Les commissions scolaires, quant à elles, ont été invitées à présenter des plans consolidés prenant en compte les plans de réussite de leur territoire.

Trois ans plus tard, le mouvement se poursuit. Le ministère de l'Éducation a déposé, en décembre dernier, son projet de plan stratégique 2003-2006. Chaque commission scolaire doit donc élaborer un plan stratégique et chaque établissement, un plan de réussite. Dans cette même voie, le projet de loi 124, sanctionné en décembre 2002, modifie la Loi sur l'instruction publique en appliquant les principes de la gestion axée sur les résultats énoncés dans la loi 82.

Comment se réalise-t-elle ?

Les activités et les pratiques de gestion axée sur les résultats s'intègrent dans un cycle de gestion qui interpellent tous les acteurs de l'organisation. Le tableau 1 précise la portée de certains termes utilisés dans la loi 82.

Tableau 1 : Lexique

Termes	Définitions
Activité	Procédé ou opération qui concourt à la transformation de ressources en produits et en services.
Cible	Énoncé de ce qu'une organisation prévoit atteindre dans une période donnée. La cible est précise et normalement quantifiable. Elle est élaborée sur la base d'un indicateur retenu dans la formulation de l'objectif auquel elle se réfère.
Efficacité	Mesure du rapport entre les résultats obtenus et les cibles déterminées.
Efficience	Mesure du rapport entre les biens produits ou les services livrés et les ressources utilisées. Ce rapport est établi du point de vue des services requis (qualité des services).
Indicateur	Toute mesure ou tout paramètre servant à évaluer les résultats d'une organisation ou de ses composantes.
Objectif	Énoncé de ce qu'une organisation entend réaliser au cours d'une période définie avec quantification et ordre de priorité. Y sont accolés un ou des indicateurs sur lesquels seront établis les cibles de résultats.
Performance	Degré d'atteinte des cibles d'une organisation.
Résultats	Réalisations constatées à la fin d'une période précise et comparées à des cibles énoncées au début de ladite période.

Les deux articles de la loi 82 qui influencent, entre autres, le secteur de l'éducation sont :

Art.9. Un plan stratégique doit comporter :

1er une description de la mission du ministère ou de l'organisme ;

2e le contexte dans lequel évolue le ministère ou l'organisme et les principaux enjeux auxquels il fait face ;

3e les orientations stratégiques, les objectifs et les axes d'intervention retenus ;

4e les résultats visés au terme de la période couverte par le plan ;

5e les indicateurs de performance utilisés pour mesurer l'atteinte des résultats ;

6e tout autre élément déterminé par le Conseil du Trésor.

Art. 24. Un ministère ou un organisme doit préparer un rapport annuel de gestion.

La Loi modifiant la Loi sur l'instruction publique (loi 124)

Dans un contexte de modernisation de la gestion publique, la loi 82, instaurée en mai 2000, est venue influencer la gestion de tous les ministères. Comme il s'agit d'une approche fondée sur des résultats observables, en lien avec les objectifs et la cible, son cadre de gestion oblige tous les ministères et organismes à rendre publique une déclaration de services qui s'inscrit dans un contexte de transparence, de responsabilisation et d'imputabilité ayant pour but de favoriser la performance dans l'atteinte des résultats. Alors le ministère de l'Éducation a modifié la Loi sur l'instruction publique en décembre 2002 pour respecter le cadre de gestion de la loi 82.

Ces modifications ont une incidence importante sur l'établissement scolaire, la commission scolaire et le MEQ.Dans les deux prochains points, nous présenterons ces divers effets sur les organisations. Dans cette partie, nous retrouvons les articles de loi qui ont été amendés par la loi 124.

Les incidences sur l'établissement scolaire

À la lecture de la loi 124, nous observons que plusieurs articles ont été amendés pour permettre de respecter la gestion axée sur les résultats. Dans un premier temps, le rôle et les responsabilités des divers intervenants en lien avec l'école sont clairement définis pour la réalisation de la mission éducative d'instruire, de socialiser et de qualifier.

Dans un deuxième temps, les différentes étapes de planification de l'analyse de la situation, du projet éducatif et du plan de réussite sont bien précisés afin de respecter la participation de tous les acteurs concernés. La figure 7 montre les différentes étapes à réaliser ainsi que la responsabilité de chacun. Dans un troisième temps, la loi oblige le conseil d'établissement à informer annuellement les parents et la communauté du projet éducatif ainsi que du plan de réussite. Cette obligation de reddition de comptes a une incidence sur les décisions que l'établissement prendra pour améliorer la réussite des élèves.

Dans ce contexte, le directeur assiste le conseil d'établissement dans l'exercice de ses fonctions et pouvoirs et coordonne les différentes étapes pour s'assurer de la réalisation du projet éducatif. La direction doit exercer toutes les fonctions liées à son rôle pour réaliser ce grand défi.

Figure 7 : Processus d'élaboration du projet éducatif et du plan de réussite

	ANALYSE DE LA SITUATION	PROJET ÉDUCATIF	PLAN DE RÉUSSITE	REDDITION DE COMPTES
	Forces et faiblesses / Validation / Priorités stratégiques	Orientations / Objectifs	Moyens / Modes d'évaluation • Indicateurs • Cibles / Suivi	Évaluation
Conseil d'établissement	Analyse Art. 74	Élabore, réalise, et évalue Art. 36.1 Adopte Art. 74	Approuve Art. 75	Informe Rend public Rend compte Art. 83
Direction	Coordonne S'assure que le C.E. reçoit les informations nécessaires. Art. 96.13	Participe Art. 36.1 Coordonne l'élaboration, la réalisation, l'évaluation. Art. 96.13	Propose Art. 75 Coordonne l'élaboration, la révision et l'actualisation. Art. 96.13	Coordonne Art. 96.13
Équipe-école	Participe Art. 74	Participe Art. 36.1 et 74.	Participe Art. 96.13	Participe Art. 74

Tableau 2 : Articles modifiés par la loi 124 (13 décembre 2002)

Articles de la Loi sur l'instruction publique amendés par la loi 124	Articles, ou parties, amendés par la loi 124
36. L'école est un établissement d'enseignement destiné à dispenser aux personnes visées à l'article 1 les services éducatifs prévus par la présente loi et le régime pédagogique établi par le gouvernement en vertu de l'article 447 et à collaborer au développement social et culturel de la communauté. Elle doit, notamment, faciliter le cheminement spirituel de l'élève afin de favoriser son épanouissement. Elle a pour mission, dans le respect du principe de l'égalité des chances, d'instruire, de socialiser et de qualifier les élèves, tout en les rendant aptes à entreprendre et à réussir un parcours scolaire. Elle réalise sa mission dans le cadre d'un projet éducatif élaboré, réalisé et évalué périodiquement avec la participation des élèves, des parents, du directeur de l'école, des enseignants, des autres membres du personnel de l'école, des représentants de la communauté et de la commission scolaire.	**36.** L'école est un établissement d'enseignement destiné à dispenser aux personnes visées à l'article 1 les services éducatifs prévus par la présente loi et le régime pédagogique établi par le gouvernement en vertu de l'article 447 et à collaborer au développement social et culturel de la communauté. Elle doit, notamment, faciliter le cheminement spirituel de l'élève afin de favoriser son épanouissement Elle a pour mission, dans le respect du principe de l'égalité des chances, d'instruire, de socialiser et de qualifier les élèves, tout en les rendant aptes à entreprendre et à réussir un parcours scolaire. **Elle réalise cette mission dans le cadre d'un projet éducatif mis en œuvre par un plan de réussite.** **36.1 Le projet éducatif est élaboré, réalisé et évalué périodiquement avec la participation des élèves, des parents, du directeur de l'école, des enseignants, des autres membres du personnel de l'école, des représentants de la communauté et de la commission scolaire (2003-2004).**
37. Le projet éducatif de l'école contient les orientations propres à l'école et les mesures pour en assurer la réalisation et l'évaluation. Ces orientations et ces mesures visent l'application, l'adaptation et l'enrichissement, compte tenu des besoins des élèves et des priorités de l'école, du cadre national défini par la loi, le régime pédagogique et les programmes d'études établis par le ministre. Le projet éducatif de l'école doit respecter la liberté de conscience et de religion des élèves, des parents et des membres du personnel de l'école. Ces orientations et ces mesures visent l'application, l'adaptation et l'enrichissement, compte tenu des besoins des élèves et des priorités de l'école, du cadre national défini par la loi, le régime pédagogique et les programmes d'études établis par le ministre.	**37.** Le projet éducatif de l'école contient les orientations propres à l'école et les **objectifs pour améliorer la réussite des élèves. Il peut inclure des actions pour valoriser ces orientations et les intégrer dans la vie de l'école.** Ces orientations et ces **objectifs** visent l'application, l'adaptation et l'enrichissement du cadre national défini par la loi, le régime pédagogique et les programmes d'études établis par le ministre. **37.1** Le plan de réussite de l'école comporte : **1er les moyens à prendre en fonction des orientations et des objectifs du projet éducatif notamment les modalités relatives à l'encadrement des élèves ;** **2e les modes d'évaluation de la réalisation du plan de réussite.** **Le plan de réussite est révisé annuellement et, le cas échéant, il est actualisé (2003-2004).**

Articles de la Loi sur l'instruction publique amendés par la loi 124	Articles, ou parties, amendés par la loi 124
74. Le conseil d'établissement adopte le projet éducatif de l'école, voit à sa réalisation et procède à son évaluation. Pour l'exercice de ces fonctions, le conseil d'établissement s'assure de la participation des personnes intéressées par l'école. À cette fin, il favorise l'information, les échanges et la concertation entre les élèves, les parents, le directeur de l'école, les enseignants, les autres membres du personnel de l'école et les représentants de la communauté, ainsi que leur participation à la réussite scolaire des élèves.	**74.** Le conseil d'établissement **analyse la situation de l'école, principalement les besoins des élèves, les enjeux liés à la réussite des élèves ainsi que les caractéristiques et les attentes de la communauté qu'elle dessert. Sur la base de cette analyse et du plan stratégique de la commission scolaire,** il adopte le projet éducatif de l'école, voit à sa réalisation et procède à son évaluation **périodique**. Pour l'exercice de ces fonctions, le conseil d'établissement s'assure de la participation des personnes intéressées par l'école. À cette fin, il favorise l'information, les échanges et la concertation entre les élèves, les parents, le directeur de l'école, les enseignants, les autres membres du personnel de l'école et les représentants de la communauté, ainsi que leur participation à la **réussite** des élèves (2003-2004).
75. Le conseil d'établissement approuve la politique d'encadrement des élèves proposée par le directeur de l'école. Cette politique doit notamment prévoir des mesures relatives à l'utilisation à des fins pédagogiques et éducatives du temps hors enseignement et hors horaire, l'aménagement d'activités parascolaires et le développement de moyens pour favoriser la réussite scolaire des élèves.	**75.** Le conseil d'établissement approuve l**e plan de réussite de l'école et son actualisation proposés** par le directeur de l'école (2003-2004).
83. Le conseil d'établissement informe la communauté que dessert l'école des services qu'elle offre et lui rend compte de leur qualité.	**83.** Le conseil d'établissement **informe annuellement** les parents ainsi que la communauté que dessert l'école des services qu'elle offre et leur rend compte de leur qualité. **Il rend publics le projet éducatif et le plan de réussite de l'école ;** **Il leur rend compte annuellement de l'évaluation de la réalisation du plan de réussite ;** **Un document expliquant le projet éducatif et faisant état de l'évaluation de la réalisation du plan de réussite est distribué aux parents et aux membres du personnel de l'école. Le conseil d'établissement veille à ce que ce document soit rédigé de manière claire et accessible. (2003-2004)**

Articles de la Loi sur l'instruction publique amendés par la loi 124	Articles, ou parties, amendés par la loi 124
96.2 L'organisme de participation des parents a pour fonction de promouvoir la collaboration des parents à l'élaboration, à la réalisation et à l'évaluation périodique du projet éducatif de l'école ainsi que leur participation à la réussite scolaire de leur enfant.	**96.2 L'organisme de participation des parents a pour fonction de promouvoir la collaboration des parents à l'élaboration, à la réalisation et à l'évaluation périodique du projet éducatif de l'école ainsi que leur participation à la réussite de leur enfant (2003-2004).**
96.6 Le comité des élèves a pour fonction de promouvoir la collaboration des élèves à l'élaboration, à la réalisation et à l'évaluation périodique du projet éducatif de l'école ainsi que leur participation à leur réussite scolaire et aux activités de l'école. Il peut en outre faire aux élèves du conseil d'établissement et au directeur de l'école toute suggestion propre à faciliter la bonne marche de l'école.	**96.6** Le comité des élèves a pour fonction de promouvoir la collaboration des élèves à l'élaboration, à la réalisation et à l'évaluation périodique du projet éducatif de l'école ainsi que leur participation à leur **réussite** et aux activités de l'école. **Il peut en outre faire aux élèves du conseil d'établissement et au directeur de l'école toute suggestion propre à faciliter la bonne marche de l'école.**
96.13 Le directeur de l'école assiste le conseil d'établissement dans l'exercice de ses fonctions et pouvoirs et, à cette fin : 1er il coordonne l'élaboration, la réalisation et l'évaluation périodique du projet éducatif de l'école ; 2e il s'assure de l'élaboration des propositions visées dans le présent chapitre qu'il doit soumettre à l'approbation du conseil d'établissement ; 3e il favorise la concertation entre les parents, les élèves et le personnel et leur participation à la vie de l'école et à la réussite scolaire ; 4e il informe régulièrement le conseil d'établissement des propositions qu'il approuve en vertu de l'article 96.15. Lorsque le directeur de l'école néglige ou refuse de soumettre à l'approbation du conseil d'établissement une proposition sur un sujet relevant de la compétence du conseil, dans les 15 jours de la date à laquelle le conseil en fait la demande, ce dernier peut agir sans cette proposition.	**96.13** Le directeur de l'école assiste le conseil d'établissement dans l'exercice de ses fonctions et pouvoirs et, à cette fin : 1er il coordonne **l'analyse de la situation de l'école de même que** l'élaboration, la réalisation et l'évaluation périodique du projet éducatif de l'école ; **1.1 il coordonne l'élaboration, la révision et, le cas échéant, l'actualisation du plan de réussite de l'école ;** 2e il s'assure de l'élaboration des propositions visées dans le présent chapitre qu'il doit soumettre à l'approbation du conseil d'établissement ; **2.1 il s'assure que le conseil d'établissement reçoit les informations nécessaires avant d'approuver les propositions visées dans le présent chapitre ;** 3e il favorise la concertation entre les parents, les élèves et le personnel et leur participation à la vie de l'école et à la **réussite** ; 4e il informe régulièrement le conseil d'établissement des propositions qu'il approuve en vertu de l'article 96.15. Lorsque le directeur de l'école néglige ou refuse de soumettre à l'approbation du conseil d'établissement une proposition sur un sujet relevant de la compétence du conseil, dans les 15 jours de la date à laquelle le conseil en fait la demande, ce dernier peut agir sans cette proposition (2003-2004).

Articles de la Loi sur l'instruction publique amendés par la loi 124	Articles, ou parties, amendés par la loi 124
96.25 Le directeur de l'école participe à l'élaboration des politiques et des règlements de la commission scolaire.	**96.25** Le directeur de l'école participe à l'élaboration **du plan stratégique,** des politiques et des règlements de la commission scolaire. (2003-2004)
97. Le centre de formation professionnelle est un établissement d'enseignement destiné à dispenser les services éducatifs prévus par le régime pédagogique applicable à la formation professionnelle établi par le gouvernement en vertu de l'article 448. Le centre d'éducation des adultes est un établissement d'enseignement destiné à dispenser aux personnes visées à l'article 2 les services éducatifs prévus par le régime pédagogique applicable aux services éducatifs pour les adultes établi par le gouvernement en vertu de l'article 448. Les centres sont aussi destinés à collaborer au développement social et culturel de la communauté.	**97.** Le centre de formation professionnelle est un établissement d'enseignement destiné à dispenser les services éducatifs prévus par le régime pédagogique applicable à la formation professionnelle établi par le gouvernement en vertu de l'article 448. Le centre d'éducation des adultes est un établissement d'enseignement destiné à dispenser aux personnes visées à l'article 2 les services éducatifs prévus par le régime pédagogique applicable aux services éducatifs pour les adultes établi par le gouvernement en vertu de l'article 448. **Les centres réalisent leur mission dans le cadre des orientations et des objectifs déterminés en application de l'article 109 et mis en œuvre par un plan de réussite.** Les centres sont aussi destinés à collaborer au développement social et culturel de la communauté. (2003-2004)
	97.1 Le plan de réussite du centre comporte : 1er les moyens à prendre en fonction des orientations et des objectifs déterminés en application de l'article 109 ; 2e les modes d'évaluation de la réalisation du plan de réussite ; Le plan de réussite est révisé annuellement et, le cas échéant, il est actualisé (2003-2004).
107. Le conseil d'établissement choisit son président parmi les membres visés aux paragraphes 3e à 5e du deuxième alinéa de l'article 102 et qui ne sont pas membres du personnel de la commission scolaire.	**107.** Le conseil d'établissement choisit son président parmi les membres visés aux paragraphes 3e à 5e du deuxième alinéa de l'article 102 et qui ne sont pas membres du personnel de la commission scolaire. **107.1 Le quorum aux séances du conseil d'établissement est de la majorité des membres en poste (2002-2003).**

Articles de la Loi sur l'instruction publique amendés par la loi 124	Articles, ou parties, amendés par la loi 124
108. Les articles 57 à 73 s'appliquent au fonctionnement du conseil d'établissement du centre, compte tenu des adaptations nécessaires.	**108.** Les articles 57 à **60 et 62 à** 73 s'appliquent au fonctionnement du conseil d'établissement du centre, compte tenu des adaptations nécessaires (2002-2003).
109. Le conseil d'établissement détermine les orientations et le plan d'action du centre, voit à leur réalisation et procède à leur évaluation périodique. Pour l'exercice de ces fonctions, le conseil d'établissement s'assure de la participation des personnes intéressées par le centre. À cette fin, il favorise l'information, les échanges et la concertation entre les élèves, les parents, le directeur du centre, les enseignants, les autres membres du personnel du centre et les représentants de la communauté.	**109.** Le conseil d'établissement **analyse la situation du centre, principalement les besoins des élèves, les enjeux liés à la réussite des élèves ainsi que les caractéristiques et les attentes du milieu qu'il dessert. Sur la base de cette analyse et du plan stratégique de la commission scolaire, il détermine les orientations propres au centre et les objectifs pour améliorer la réussite des élèves,** voit à leur réalisation et procède à leur évaluation périodique. **Le conseil d'établissement peut également déterminer des actions pour valoriser ces orientations et les intégrer dans la vie du centre.** Pour l'exercice de ces fonctions, le conseil d'établissement s'assure de la participation des personnes intéressées par le centre. À cette fin, il favorise l'information, les échanges et la concertation entre les élèves, les parents, le directeur du centre, les enseignants, les autres membres du personnel du centre et les représentants de la communauté (2003-2004). **109.1 Le conseil d'établissement approuve le plan de réussite du centre et son actualisation proposés par le directeur du centre.** **Ces propositions sont élaborées avec la participation des membres du personnel du centre.** **Les modalités de cette participation sont celles établies par les personnes intéressées lors d'assemblées générales convoquées par le directeur du centre ou, à défaut, celles établies par ce dernier (2003-2004).**

31

Articles de la Loi sur l'instruction publique amendés par la loi 124	Articles, ou parties, amendés par la loi 124
110.3 Le conseil d'établissement peut organiser des services à des fins sociales, culturelles ou sportives, ou permettre que d'autres personnes ou organismes organisent de tels services dans les locaux du centre. Pour l'application du présent article, le conseil d'établissement peut, au nom de la commission scolaire et dans le cadre du budget du centre, conclure un contrat pour la fourniture des biens ou services avec une personne ou un organisme. Il peut en outre exiger une contribution financière des utilisateurs des biens ou services offerts. Les revenus produits par la fourniture de ces biens et services sont imputés aux crédits attribués au centre.	**110.3** Le conseil d'établissement peut organiser des services à des fins sociales, culturelles ou sportives, ou permettre que d'autres personnes ou organismes organisent de tels services dans les locaux du centre. Pour l'application du présent article, le conseil d'établissement peut, au nom de la commission scolaire et dans le cadre du budget du centre, conclure un contrat pour la fourniture des biens ou services avec une personne ou un organisme. Il peut en outre exiger une contribution financière des utilisateurs des biens ou services offerts. Les revenus produits par la fourniture de ces biens et services sont imputés aux crédits attribués au centre. **110.3.1 Le conseil d'établissement informe annuellement le milieu que dessert le centre des services qu'il offre et lui rend compte de leur qualité.** **Il rend publics les orientations, les objectifs et le plan de réussite du centre.** **Il rend compte annuellement de l'évaluation de la réalisation du plan de réussite.** **Un document expliquant les orientations et les objectifs du centre et faisant état de l'évaluation de la réalisation du plan de réussite est distribué aux élèves et aux membres du personnel du centre. Le conseil d'établissement veille à ce que ce document soit rédigé de manière claire et accessible.** (2003-2004)
110.4 Les articles 80 à 83 et 93 à 95 s'appliquent au conseil d'établissement du centre, compte tenu des adaptations nécessaires.	**110.4** Les articles **80 à 82** et **93** à **95** s'appliquent au conseil d'établissement du centre, compte tenu des adaptations nécessaires (2003-2004).

Articles de la Loi sur l'instruction publique amendés par la loi 124	Articles, ou parties, amendés par la loi 124
110.10 Le directeur du centre assiste le conseil d'établissement dans l'exercice de ses fonctions et pouvoirs et, à cette fin : 1er il coordonne l'élaboration, la réalisation et l'évaluation périodique des orientations et du plan d'action du centre ; 2e il s'assure de l'élaboration des propositions visées dans le présent chapitre qu'il doit soumettre à l'approbation du conseil d'établissement. Lorsque le directeur du centre néglige ou refuse de soumettre à l'approbation du conseil d'établissement une proposition sur un sujet relevant de la compétence du conseil, dans les 15 jours de la date à laquelle le conseil en fait la demande, ce dernier peut agir sans cette proposition.	**110.10** Le directeur du centre assiste le conseil d'établissement dans l'exercice de ses fonctions et pouvoirs et, à cette fin : 1er il coordonne **l'analyse de la situation du centre de même que** l'élaboration, la réalisation et l'évaluation périodique des orientations et **des objectifs** du centre ; **1.1 il coordonne l'élaboration, la révision et, le cas échéant, l'actualisation du plan de réussite du centre ;** 2e il s'assure de l'élaboration des propositions visées dans le présent chapitre qu'il doit soumettre à l'approbation du conseil d'établissement. **2.1 il s'assure que le conseil d'établissement reçoit les informations nécessaires avant d'approuver les propositions visées dans le présent chapitre.** Lorsque le directeur du centre néglige ou refuse de soumettre à l'approbation du conseil d'établissement une proposition sur un sujet relevant de la compétence du conseil, dans les 15 jours de la date à laquelle le conseil en fait la demande, ce dernier peut agir sans cette proposition (2003-2004).

Le tableau suivant permet d'avoir une vision globale des rôles et responsabilités au regard du projet éducatif et du plan de réussite. Chaque étape de réalisation est indiquée par le numéro de l'article ainsi que les mots importants qui orientent l'action selon sa responsabilité. Il importe de respecter la nomenclature prescrite par la loi. Le tableau 3 facilite la compréhension du rôle et de la responsabilité de chacun dans les organisations.

Tableau 3 : Partage des responsabilités

CONSEIL D'ÉTABLISSEMENT	DIRECTION	MEMBRES DU PERSONNEL	COMISSION SCOLAIRE
Analyse de la situation			
… analyse la situation de l'école (art. 74)	… **assiste le conseil d'établissement** dans l'exercice de ses fonctions et pouvoirs et à cette fin : … **coordonne** l'analyse de la situation de l'école… (art. 96.13, 1e)	… **participent** à (art. 74)	… **participe à** (art. 74)
Projet éducatif			
… **adopte** le projet éducatif de l'école, **voit** à sa réalisation et **procède** à son évaluation périodique (art. 74) … **s'assure de la participation** des personnes intéressées par l'école (art. 74) … **favorise l'information, les échanges et la concertation** entre les élèves, les parents, le directeur de l'école, les enseignants, les autres membres du personnel de l'école et les représentants de la communauté, ainsi que leur participation à la réussite des élèves (art. 74) Il **rend public** le projet éducatif… (art. 83) … **veille** à ce qu'un document expliquant le projet éducatif… soit rédigé de manière claire et accessible… et distribué aux parents et aux membres du personnel de l'école (art. 83)	… **coordonne** … l'élaboration, la réalisation et l'évaluation périodique du projet éducatif… (art. 96.13.1, 1e) … **soumet à l'approbation** du conseil d'établissement… s'assure que le C.E. reçoit les informations nécessaires… (art. 96.13.2, 1e)	… **participent** à l'élaboration, la réalisation et l'évaluation périodique du projet éducatif … (art. 36.1 et 74)	… **participe à** l'élaboration, la réalisation et l'évaluation périodique du projet éducatif… (art. 36.1 et 74) … **s'assure**, dans le respect des fonctions et pouvoirs dévolus à l'école, que chaque école s'est dotée d'un projet éducatif mis en œuvre par un plan de réussite (art. 221.1)

CONSEIL D'ÉTABLISSEMENT	DIRECTION	MEMBRES DU PERSONNEL	COMISSION SCOLAIRE
Plan de réussite			
… **approuve** le plan de réussite et son actualisation…(art. 75) … **rend public** le plan de réussite… (art. 83) … **rend compte annuellement** de l'évaluation de la réalisation du plan de réussite (art. 83) … **veille** à ce qu'un document … et faisant état de l'évaluation de la réalisation du plan de réussite soit rédigé de manière claire et accessible… et distribué aux parents et aux membres du personnel de l'école (art. 83)	… plan de réussite et son actualisation **proposés** par le directeur… (art. 75) … **coordonne** l'élaboration, la révision et, le cas échéant, l'actualisation du plan de réussite de l'école (art. 96.13) … **s'assure** que le C.E. reçoit les informations nécessaires… (art. 96.13)	… **participent à** l'élaboration, la réalisation et l'évaluation périodique du projet éducatif… (art. 36.1 et 74)	… **favorise la mise en œuvre**, par le plan de réussite, du projet éducatif… (art. 218)
Plan stratégique			
	… **participe à** l'élaboration… (art. 96.25)		… **établit** un plan stratégique… révise et actualise… (art. 209.1) … **consulte** le comité de parents… (art. 193) … **transmet** au ministre… **rend public**… (art. 209.1)

Les incidences sur la commission scolaire et le ministère de l'Éducation.

Toujours dans une même orientation, la loi 82 a modifié des articles concernant la commission scolaire et le ministère de l'Éducation. Un changement important est celui annoncé à l'article 193 qui oblige la commission scolaire a consulté le comité de parents sur sa planification stratégique. Ensuite, dans un contexte de reddition de comptes, elle doit s'assurer que chaque école possède son projet éducatif et qu'il est mis en œuvre par le plan de réussite. Toujours dans l'exercice de ses fonctions et de ses pouvoirs, elle doit établir un plan stratégique couvrant une période de plusieurs années qui comporte différents éléments précisés dans la loi.

Après avoir réalisé une évaluation de ses objectifs, la commission scolaire informe la population de son territoire et lui rend des comptes sur la qualité de ses services. Par la suite, elle a l'obligation de rendre des comptes au ministre de l'Éducation pour que celui-ci puisse vérifier la performance de ses indicateurs nationaux.

Cette opération permet au ministre de l'Éducation de veiller à la qualité des services éducatifs dispensés dans les commissions scolaires. L'article 459.1 précise l'obligation du Ministre de consulter les commissions scolaires pour le choix des indicateurs nationaux.

Tableau 4 : Articles modifiés par la loi 124

169. Un commissaire peut, lorsque la majorité des commissaires physiquement présents à une séance du conseil des commissaires y consent, participer et voter à cette séance par tout moyen permettant à tous les participants de communiquer oralement entre eux, tel que le téléphone. Un tel consentement ne peut être donné que lorsque les commissaires physiquement présents sur les lieux où se tient la séance forment le quorum et que le président est de ce nombre. Le procès-verbal d'une telle séance doit faire mention : 1er du fait que la séance s'est tenue avec le concours du moyen de communication qu'il indique ; 2e du nom de tous les commissaires physiquement présents lors de la séance avec la mention de ceux qui ont consenti à procéder de cette façon ; 3e du nom du commissaire qui a participé grâce à ce moyen de communication. Un commissaire qui participe et vote à une séance par un tel moyen de communication, est réputé être présent sur les lieux où se tient la séance.	**169.** Un commissaire peut, lorsque la majorité des commissaires physiquement présents à une séance du conseil des commissaires y consent, participer et voter à cette séance par tout moyen permettant à tous les participants de communiquer oralement entre eux, tel que le téléphone. Un tel consentement ne peut être donné que lorsque les commissaires physiquement présents sur les lieux où se tient la séance forment le quorum et que le président est de ce nombre. **L'exigence de la présence physique des commissaires n'est cependant pas requise lorsque la majorité des commissaires qui participent à la séance consent à ce que tout commissaire puisse participer et voter par vidéoconférence. Un commissaire ne peut se prévaloir de ce droit que si le directeur général et le président sont présents à l'endroit où siège le conseil.** Le procès-verbal d'une telle séance doit faire mention : 1er du fait que la séance s'est tenue avec le concours du moyen de communication qu'il indique ; 2e du nom de tous les commissaires physiquement présents lors de la séance avec la mention de ceux qui ont consenti à procéder de cette façon ; 3e du nom du commissaire qui a participé grâce à ce moyen de communication. Un commissaire qui participe et vote à une séance par un tel moyen de communication, est réputé être présent sur les lieux où se tient la séance (2003-2004).

193. Le comité de parents doit être consulté sur les sujets suivants :

1er la division, l'annexion ou la réunion du territoire de la commission scolaire ;

2e le plan triennal de répartition et de destination des immeubles de la commission scolaire, la liste des écoles et les actes d'établissement ;

3e la politique de maintien ou de fermeture d'une école ;

4e *(paragraphe abrogé)* ;

5e la répartition des services éducatifs entre les écoles ;

6e les critères d'inscription des élèves dans les écoles visées à l'article 239 ;

6.1^e l'affectation d'une école aux fins d'un projet particulier, en application de l'article 240, et les critères d'inscription des élèves dans cette école ;

7e le calendrier scolaire ;

8e les règles de passage de l'enseignement primaire à l'enseignement secondaire ou du premier au second cycle du secondaire ;

9e les objectifs et les principes de répartition des subventions, du produit de la taxe scolaire et des autres revenus entre les établissements et les critères afférents à ces objectifs et principes, ainsi que les objectifs, les principes et les critères qui ont servi à déterminer le montant que la commission scolaire retient pour ses besoins et ceux de ses comités ;

10e les activités de formation destinées aux parents par la commission scolaire.

193. Le comité de parents doit être consulté sur les sujets suivants :

1er la division, l'annexion ou la réunion du territoire de la commission scolaire ;

1.1^e le plan stratégique de la commission scolaire et, le cas échéant, son actualisation ;

2e le plan triennal de répartition et de destination des immeubles de la commission scolaire, la liste des écoles et les actes d'établissement ;

3e la politique de maintien ou de fermeture d'une école ;

4e *(paragraphe abrogé)* ;

5e la répartition des services éducatifs entre les écoles ;

6e les critères d'inscription des élèves dans les écoles visées à l'article 239 ;

6.1^e l'affectation d'une école aux fins d'un projet particulier, en application de l'article 240, et les critères d'inscription des élèves dans cette école ;

7e le calendrier scolaire ;

8e les règles de passage de l'enseignement primaire à l'enseignement secondaire ou du premier au second cycle du secondaire ;

9e les objectifs et les principes de répartition des subventions, du produit de la taxe scolaire et des autres revenus entre les établissements et les critères afférents à ces objectifs et principes, ainsi que les objectifs, les principes et les critères qui ont servi à déterminer le montant que la commission scolaire retient pour ses besoins et ceux de ses comités ;

10e les activités de formation destinées aux parents par la commission scolaire (2003-2004).

209. Pour l'exercice de cette fonction, la commission scolaire doit notamment :

1er admettre aux services éducatifs les personnes relevant de sa compétence ;

2e organiser elle-même les services éducatifs ou, si elle peut démontrer qu'elle n'a pas les ressources nécessaires ou si elle accepte de donner suite à la demande des parents, les faire organiser par une commission scolaire, un organisme ou une personne avec lequel elle a conclu une entente visée à l'un des articles 213 à 215.1, en favorisant l'organisation des services le plus près possible du lieu de résidence des élèves ;

3e si elle n'organise pas elle-même certaines spécialités professionnelles ou des services éducatifs pour les adultes pour lesquels elle ne reçoit pas de subventions à la suite d'une décision du ministre prise en application de l'article 466 ou 467, adresser les personnes à une commission scolaire qui organise ces services.

En outre, une commission scolaire dispense les services éducatifs aux personnes relevant de la compétence d'une autre commission scolaire, dans la mesure indiquée dans une décision du Ministre prise en application de l'article 468.

209. Pour l'exercice de cette fonction, la commission scolaire doit notamment :

1er admettre aux services éducatifs les personnes relevant de sa compétence ;

2e organiser elle-même les services éducatifs ou, si elle peut démontrer qu'elle n'a pas les ressources nécessaires ou si elle accepte de donner suite à la demande des parents, les faire organiser par une commission scolaire, un organisme ou une personne avec lequel elle a conclu une entente visée à l'un des articles 213 à 215.1, en favorisant l'organisation des services le plus près possible du lieu de résidence des élèves ;

3e si elle n'organise pas elle-même certaines spécialités professionnelles ou des services éducatifs pour les adultes pour lesquels elle ne reçoit pas de subventions à la suite d'une décision du ministre prise en application de l'article 466 ou 467, adresser les personnes à une commission scolaire qui organise ces services.

En outre, une commission scolaire dispense les services éducatifs aux personnes relevant de la compétence d'une autre commission scolaire, dans la mesure indiquée dans une décision du ministre prise en application de l'article 468.

209.1 Pour l'exercice de ses fonctions et de ses pouvoirs, chaque commission scolaire établit un plan stratégique couvrant une période de plusieurs années qui comporte :

1er le contexte dans lequel elle évolue, notamment les besoins de ses écoles et de ses centres ainsi que les caractéristiques et les attentes du milieu qu'elle dessert ;

2e les principaux enjeux auxquelles elle fait face, entre autres en matière de réussite, qui tiennent compte des indicateurs nationaux établis par le ministre en vertu de l'article 459.1 ;

3e les orientations stratégiques et les objectifs qui tiennent compte des orientations et des objectifs du plan stratégique établi par le ministère de l'Éducation ;

4e les axes d'intervention retenus pour parvenir à l'atteinte des objectifs ;

5e les résultats visés au terme de la période couverte par le plan ;

6e les modes d'évaluation de l'atteinte des objectifs.

Le plan est révisé selon la périodicité déterminée par la commission scolaire et, le cas échéant, il est actualisé.

La commission scolaire transmet au Ministre une copie de son plan stratégique et, le cas échéant, de son plan actualisé et les rend publics (2003-2004).

218. La commission scolaire favorise la réalisation du projet éducatif de chaque école et des orientations de chaque centre.	**218. La commission scolaire favorise la** mise en œuvre, par le plan de réussite, **du projet éducatif de chaque école et des orientations** et des objectifs **de chaque centre** (2003-2004).
220. La commission scolaire prépare un rapport annuel contenant un bilan de ses activités pour l'année scolaire et un rapport sur les activités éducatives et culturelles de ses écoles et de ses centres. Elle transmet copie de ces rapports au Ministre. Elle informe la population de son territoire des services éducatifs et culturels qu'elle offre et lui rend compte de leur qualité, de l'administration de ses écoles et de ses centres et de l'utilisation de ses ressources.	**220.** La commission scolaire informe la population de son territoire, des services éducatifs et culturels qu'elle offre, et lui rend compte de leur qualité. **La commission scolaire prépare un rapport annuel qui rend compte à la population de son territoire de la réalisation de son plan stratégique.** **Ce rapport rend compte également au ministre des résultats obtenus en fonction des orientations et des objectifs du plan stratégique établi par le ministère de l'Éducation.** Une copie de ce rapport est transmise au ministre (2003-2004).
221. La présente sous-section ne s'applique pas à la formation professionnelle et aux services éducatifs pour les adultes. Un renvoi au régime pédagogique est un renvoi à celui établi par le gouvernement en vertu de l'article 447.	**221.** La présente sous-section ne s'applique pas à la formation professionnelle et aux services éducatifs pour les adultes. Un renvoi au régime pédagogique est un renvoi à celui établi par le gouvernement en vertu de l'article 447. **221.1 La commission scolaire s'assure, dans le respect des fonctions et pouvoirs dévolus à l'école, que chaque école s'est dotée d'un projet éducatif mis en œuvre par un plan de réussite (2003-2004).**
245. La présente sous-section ne s'applique qu'à la formation professionnelle et aux services éducatifs pour les adultes. Un renvoi au régime pédagogique est un renvoi à celui établi par le gouvernement en vertu de l'article 448.	**245.** La présente sous-section ne s'applique qu'à la formation professionnelle et aux services éducatifs pour les adultes. Un renvoi au régime pédagogique est un renvoi à celui établi par le gouvernement en vertu de l'article 448. **245.1 La commission scolaire s'assure, dans le respect des fonctions et pouvoirs dévolus au centre, que chaque centre s'est doté d'orientations et d'objectifs mis en œuvre par un plan de réussite (2003-2004).**

459. Le ministre veille à la qualité des services éducatifs dispensés par les commissions scolaires.

Pour l'exercice de cette fonction, il peut établir des modalités d'application progressive des dispositions des régimes pédagogiques relatives à la liste des matières et aux règles d'évaluation des apprentissages et de sanction des études.

En outre, sur demande motivée d'une commission scolaire, le ministre peut permettre, aux conditions et dans la mesure qu'il détermine, une dérogation aux dispositions d'un régime pédagogique relatives à la liste des matières pour favoriser la réalisation d'un projet pédagogique particulier applicable à un groupe d'élèves.

459. Le ministre veille à la qualité des services éducatifs dispensés par les commissions scolaires.

Pour l'exercice de cette fonction, il peut établir des modalités d'application progressive des dispositions des régimes pédagogiques relatives à la liste des matières et aux règles d'évaluation des apprentissages et de sanction des études.

En outre, sur demande motivée d'une commission scolaire, le ministre peut permettre, aux conditions et dans la mesure qu'il détermine, une dérogation aux dispositions d'un régime pédagogique relatives à la liste des matières pour favoriser la réalisation d'un projet pédagogique particulier applicable à un groupe d'élèves.

459.1 Le ministre établit, après consultation des commissions scolaires, les indicateurs nationaux qu'il met à la disposition de toutes les commissions scolaires aux fins notamment de leur permettre de dégager, dans leurs plans stratégiques, les principaux enjeux auxquels elles font face (2003-2004).

Les liens entre la Loi sur l'administration publique et la Loi sur l'instruction publique

Le tableau suivant met en évidence les correspondances entre la loi 124, Loi sur l'instruction publique, et la loi 182, Loi sur l'administration publique, dans l'élaboration du plan stratégique, du projet éducatif et du plan de réussite.

Tableau 5 : Liens entre la loi 82 et la loi 124

Objet	Loi sur l'administration publique (loi 82) Plan stratégique	Loi sur l'instruction publique (loi 124) Plan stratégique	Loi sur l'instruction publique (loi 124) Projet éducatif	Loi sur l'instruction publique (loi 124) Plan de réussite
Durée	Couvre une période de plus d'une année (art. 8)	Couvre une période de plusieurs années… est révisé selon la périodicité déterminée par la commission scolaire (art. 209.1)	Est élaboré, réalisé et évalué périodiquement (art. 36.1)	Est révisé annuellement et, le cas échéant, il est actualisé (art. 37.1)
Mission	Comporte une description de la **mission** du ministère ou de l'organisme (art. 9)		Elle (l'école) a pour mission… d'instruire, de socialiser et de qualifier les élèves, tout en les rendant aptes à entreprendre et à réussir un parcours scolaire (art. 36)	
Contexte	Comporte le **contexte** dans lequel évolue le ministère ou l'organisme (art. 9)	Comporte le contexte dans lequel elle (la C.S.) évolue, notamment : • les besoins de ses écoles et de ses centres • les caractéristiques et les attentes du milieu qu'elle dessert (art. 209.1, 1er)	Le C.E. analyse la situation de l'école principalement les besoins des élèves (art. 74)	
Enjeux	Comporte les principaux enjeux auxquels il fait face (art. 9) Comporte les indicateurs de performance utilisés pour mesurer l'atteinte des résultats (art. 9)	Comporte les principaux enjeux auxquels elle fait face : entre autres en matière de réussite qui tiennent compte des indicateurs nationaux établis par le ministre en vertu de l'article 459.1 (art. 209.,2e)	Le C. E. analyse les enjeux liés à la réussite des élèves ainsi que les caractéristiques et les attentes de la communauté que l'école dessert. Sur la base de cette analyse et du plan stratégique de la commission scolaire…(art. 74)	

Objet	Loi sur l'administration publique (loi 82) **Plan stratégique**	Loi sur l'instruction publique (loi 124) **Plan stratégique**	Loi sur l'instruction publique (loi 124) **Projet éducatif**	Loi sur l'instruction publique (loi 124) **Plan de réussite**
Orientations	Comporte les **orientations** stratégiques, les objectifs (art. 9)	Comporte les orientations stratégiques et les objectifs qui tiennent compte des orientations et des objectifs du plan stratégique établi par le ministère de l'Éducation (art. 209.1, 3°)	Contient les orientations propres à l'école et les objectifs pour améliorer la réussite des élèves. Il peut inclure des actions pour valoriser ces orientations et les intégrer dans la vie de l'école. Ces orientations et ces objectifs visent l'application, l'adaptation et l'enrichissement du cadre national défini par la loi, le régime pédagogique et les programmes d'études établis par le ministre (art. 37)	
Axes d'intervention	Comporte les axes d'intervention retenus (art. 9)	Comporte les axes d'intervention retenus pour parvenir à l'atteinte des objectifs (art. 209.1, 4°)		
Moyens				Comporte les moyens à prendre en fonction des orientations et des objectifs du projet éducatif notamment les modalités relatives à l'encadrement des élèves (art. 37.1)
Résultats	Comporte les résultats visés au terme de la période couverte par le plan (art. 9)	Comporte les **résultats** visés au terme de la période couverte par le plan (art. 209.1, 5°)		

Objet	Loi sur l'administration publique (loi 82) Plan stratégique	Loi sur l'instruction publique (loi 124) Plan stratégique	Loi sur l'instruction publique (loi 124) Projet éducatif	Loi sur l'instruction publique (loi 124) Plan de réussite
Modes d'évaluation		Comporte les modes d'évaluation de l'atteinte des objectifs (art. 209.1, 6e)		Comporte les modes d'évaluation de la réalisation du plan de réussite (art. 37.1)
Communication	Est transmis au gouvernement (art. 10)	Est transmis au ministre et est rendu public (art. 209.1)	Le C. E. rend public le projet éducatif (art. 83)	Le C. E. rend public le plan de réussite (art. 83)
Rapport annuel	Le ministère doit préparer un rapport annuel de gestion. Ce rapport doit notamment comprendre : 1er une présentation des résultats obtenus par le plan stratégique… (art. 24)	La commission scolaire prépare un rapport annuel qui rend compte à la population de son territoire de la réalisation de son plan stratégique. Ce rapport rend compte également au ministre des résultats obtenus en fonction des orientations et des objectifs du plan stratégique établi par le ministère de l'Éducation (art. 220)	Le conseil d'établissement informe annuellement les parents ainsi que la communauté qu'elle dessert l'école des services qu'elle offre et leur rend compte de leur qualité (art. 83)	Le C. E. rend compte annuellement de l'évaluation de la réalisation du plan de réussite (art. 83) Un document expliquant le projet éducatif et faisant état de l'évaluation de la réalisation du plan de réussite est distribué aux parents et aux membres du personnel de l'école. Le C.E. veille à ce que ce document soit rédigé de manière claire et accessible (art. 83)

Le plan stratégique

Dans le contexte de l'éducation primaire et secondaire, le concept de plan stratégique est réservé aux commissions scolaires.

L'article 209.1 de la Loi sur l'instruction publique est explicite en regard du plan stratégique.

Pour l'exercice de ses fonctions et de ses pouvoirs, chaque commission scolaire établit un plan stratégique couvrant une période de plusieurs années qui comporte :

1) le contexte dans lequel elle évolue, notamment les besoins de ses établissements ainsi que les caractéristiques et les attentes du milieu qu'elle dessert ;
2) les principaux enjeux auxquels elle fait face, entre autres en matière de réussite, qui tiennent compte des indicateurs nationaux établis par le Ministre en vertu de l'article 459.1 ;
3) les orientations stratégiques et les objectifs qui tiennent compte des orientations et des objectifs du plan stratégique établi par le ministère de l'Éducation ;
4) les axes d'intervention retenus pour parvenir à l'atteinte des objectifs ;
5) les résultats visés au terme de la période couverte par le plan ;
6) les modes d'évaluation de l'atteinte des objectifs.

Le plan est révisé selon la périodicité déterminée par la commission scolaire et, le cas échéant, il est actualisé. La commission scolaire transmet au Ministre une copie de son plan stratégique et, le cas échéant, de son plan actualisé, et les rend publics.

Le plan stratégique des commissions scolaires est réalisé dans le cadre des trois fonctions et pouvoirs qui sont les siens : organiser les services éducatifs, contrôler l'application de la loi et évaluer les établissements et les enseignements. C'est dans le cadre de ces fonctions que le plan stratégique est effectué.

La figure 8 à la page 45 résume les différentes étapes que la commission scolaire doit réaliser pour la planification de son plan stratégique.

Figure 8: Structure et contenu du plan stratégique de la commission scolaire

PRÉSENTATION DE LA COMMISSION SCOLAIRE

- La mission
La vision
Les valeurs

- Les champs d'activité

- Les leviers d'intervention

- Les clientèles

- Les partenaires

ANALYSE DU CONTEXTE ET DES ENJEUX

- L'état de la situation
Bilan et appréciation des progrès accomplis

- Le contexte (art. 209.1, 1e)
  • Description de l'environnement
  • Besoins des écoles

- Les capacités stratégiques organisationnelles
Énoncé des forces et des capacités à développer

- Les enjeux (art. 209.1, 2e)
Énoncé des enjeux et défis auxquels la C.S. fait face, entre autres en matière de réussite, qui tiennent compte des indicateurs nationaux établis par le Ministre en vertu de l'article 459.1

LES CHOIX STRATÉGIQUES

- Les axes d'intervention (art. 209.1, 4e)

  Secteurs prioritaires d'intervention

- Les orientations stratégiques (art. 209.1, 3e)
  • Réponse de la C. S. aux enjeux identifiés
  • Direction des efforts de la C.S.
  • En lien avec les tendances externes
  • Défis à relever à l'interne
  • Elles tiennent compte des orientations et des objectifs du plan stratégique du MEQ

- Les objectifs (art. 209.1, 3e)
  • Ils découlent des orientations et des axes d'intervention
  • Ils sont formulés en terme de résultats précis à atteindre (mesurables ou observables) avec une échéance précisée
  • Ils s'accompagnent de cibles et d'indicateurs

- Les résultats
Les modes d'évaluation
(art. 209.1, 5e et 6e)

- La communi-cation
  • Bilan
  • Évaluation
  • Reddition de comptes

Les indicateurs

Dans un mouvement de changement et de modernisation, le ministère de l'Éducation a lancé un vaste chantier pour élaborer des indicateurs nationaux. Ce projet s'est actualisé en partenariat avec les commissions scolaires et un comité directeur pour la mise en place des « plans de réussite ». La Loi sur l'administration publique instaurée en mai 2000 donne un nouveau cadre de gestion à la fonction publique.

Comme cette loi oblige le ministère de l'Éducation à établir un plan stratégique afin d'orienter ses actions sur les besoins de ses clientèles, nous retrouverons sa prochaine planification stratégique pour la période de juillet 2003 à juin 2006.

Chaque commission scolaire est invitée à analyser sa situation à partir des indicateurs nationaux pour définir ses enjeux, de même que pour établir ses orientations stratégiques et ses objectifs. Par ailleurs, les commissions scolaires ont la possibilité d'ajouter leurs propres indicateurs pour tenir compte de leurs caractéristiques. Par contre, elles doivent tenir compte des trois champs d'intervention suivants : l'ouverture sur le milieu, la qualité du soutien offert aux établissements et le degré de satisfaction de la population à l'égard des services offerts par la commission scolaire. Comme les indicateurs sont fournis sur une base annuelle, vous pouvez les retrouver sur le site Web du ministère de l'Éducation.

À la suite de sa consultation auprès des commissions scolaires à l'automne 2002 sur le choix des indicateurs nationaux, le comité a proposé quatre champs d'intervention : la formation générale des jeunes, la formation générale des adultes, la formation professionnelle et la formation des élèves handicapés ou en difficulté d'adaptation ou d'apprentissage.

À partir de ces champs d'intervention, le ministère établira une mesure nationale pour lui permettre de rendre des comptes au Conseil du trésor. Ces indicateurs nationaux deviennent des données significatives qui informent sur l'état de la situation d'un phénomène observé. L'étape de l'interprétation devient pertinente parce qu'elle permet de porter un jugement sur les résultats et amène l'acteur à prendre des décisions.

Enfin, les indicateurs sont des outils nécessaires qui influencent l'élaboration et le suivi des plans stratégiques. Les indicateurs nationaux ont un caractère obligatoire, cependant la commission scolaire, tout comme l'établissement, a la possibilité de déterminer des indicateurs qui lui sont propres.

Conclusion

Cette approche de gestion axée sur les résultats suscite à la fois des espoirs, des polémiques et des inquiétudes. Elle éveille de nouvelles réflexions et de nouvelles pratiques. Loin du formulaire à remplir, les plans stratégiques et les plans de réussite nous engagent dans un processus de responsabilisation collective en vue de développer une meilleure cohésion entre les acteurs en éducation ainsi qu'une plus grande cohérence entre leurs intentions et leurs interventions. Cependant, l'engagement ne s'impose pas ! Il repose sur chaque individu, sur sa volonté, sur sa motivation, sur sa capacité de se remettre en question et de se dépasser.

Le modèle comporte en lui-même deux aspects complémentaires à savoir : un dispositif fondé sur des phases successives de réalisation et une démarche participative rassemblant le plus grand nombre d'intervenants associés au projet. Il porte également une double fonction : à l'interne, libérer et fédérer les énergies des acteurs qui œuvrent en éducation ; à l'externe, assurer la cohérence du système éducatif entre les orientations nationales et la satisfaction des besoins locaux.

Les professionnels de l'éducation savent bien que la véritable réussite, celle qui permet à chaque individu de réaliser son plein potentiel, se mesure difficilement à l'aide d'indicateurs de performance et de statistiques. Cependant, ils reconnaissent qu'un regard critique et constructif porté de façon constante sur nos forces et nos faiblesses, ainsi que la recherche et la mise en œuvre de moyens visant à améliorer la situation, peuvent contribuer à la qualité de nos interventions et favoriser un meilleur apprentissage.

Voilà pourquoi il importe, dans le cadre de ce modèle de gestion axée sur les résultats, de mettre en évidence la « dynamique du processus » et de développer, au-delà des objectifs et des mesures vérifiant leur atteinte, la responsabilité liée à la « veille stratégique » ainsi que l'imputabilité exigeant de rendre compte avec rigueur et transparence.

Chapitre 2

Analyse de la situation

*Se réunir est un début,
rester ensemble est un progrès ;
travailler ensemble est la réussite.*

Henry Ford

Dans ce chapitre, nous aborderons la question de l'analyse de la situation avec le souci de vous fournir un meilleur éclairage sur le sens de cette démarche et des mécanismes à mettre en place pour mener à terme cette première étape.

 Composante primordiale du processus, l'analyse de la situation sert de pierre d'assise au projet éducatif et au plan de réussite. De plus, elle pose déjà les première balises qui devraient guider l'évaluation de la réalisation du plan de réussite. Comme on le constate, il s'agit bien d'un tout où chaque élément intervient sur les autres.

Après avoir défini ce que nous entendons par analyse, nous jetterons immédiatement un regard sur le produit final, c'est-à-dire le contenu de votre rapport d'analyse de la situation. Par la suite, nous tenterons de répondre à la question : pourquoi faire une analyse de la situation ? Vous aurez sans doute vous-même à justifier la pertinence de cette étape. Les quelques idées que nous avançons en guise de réponse pourront alimenter votre réflexion sur cet aspect.

La troisième partie de ce chapitre plonge davantage dans le comment faire. Sans mettre de l'avant une procédure à suivre pas à pas, cette section regroupe des propositions que vous pourrez adapter et modifier en fonction de vos besoins, de votre contexte et de votre style de gestion. Pourquoi direz-vous tant de prudence et de réticence à proposer une marche à suivre ? Présenter une marche à suivre pas à pas pourrait paraître la solution idéale, mais cette façon de faire ne pourrait pas correspondre totalement à la réalité de tous les établissements. La tentation d'en proposer une qui viendrait préciser les étapes de réalisation dans une séquence chronologique et assortie d'outils ordonnancés prétendant être exhaustifs pourrait être forte. Par ailleurs, cela aurait sûrement comme conséquence le désengagement de nombreux participants. Déjà les précisions de la Loi sur l'instruction publique fournissent des encadrements aux établissements et aux commissions scolaires. Laissons ce qui reste de marge de manœuvre aux établissements afin que les acteurs du milieu, les enseignants entre autres, prennent en charge leurs responsabilités de formateurs et assument toute l'autonomie que le législateur leur a conférée.

Enfin, en dernière partie, nous mettons en lumière quelques conditions à préserver tout au long de votre démarche.

Qu'est-ce que l'analyse de la situation ?

Le sens des mots

D'abord, il faut comprendre de quoi il s'agit au juste. Le vocabulaire administratif subit des modifications fréquentes, ce qui nous incite à croire que chaque mot préféré à un autre porte une nuance qui le distingue de manière particulière des précédents. Ainsi, depuis le moment de la première obligation de réalisation du plan de réussite, il a été question successivement de diagnostic, de portrait de situation et, finalement, d'analyse de la situation[2]. Notre recherche nous a amenées à explorer le sens du terme « analyse » dans différents domaines connexes. Nous avons aussi comparé les définitions que nous avons colligées à des termes semblables comme étude de cas, diagnostic, problématisation et bilan. Par exemple, en gestion on utilise le terme « diagnostic » qui signifie faire une évaluation des points forts et des points faibles d'une organisation ; le terme « autopsie » (*post mortem*) est aussi utilisé pour décrire l'examen réalisé après un événement pour évaluer les causes et les effets d'un tel événement. Enfin, l'expression « analyse positive » fait référence à une évaluation des forces d'une entreprise afin d'en poursuivre son développement[3].

---

[2] En effet, l'article 74 de la Loi sur l'instruction publique utilise l'expression « analyse ».
[3] Voir Le Grand Dictionnaire terminologique, OLF.

En tenant compte du contexte qui nous concerne, analyser consiste à examiner de manière méthodique les composantes d'une situation, d'un problème ou d'une organisation. Le but d'une analyse est de décrire l'état actuel et de comprendre les relations entre les différentes composantes. Ce procédé de la pensée est utile lorsque nous nous retrouvons face à un objet considéré complexe.

Le terme « portrait de situation » est également utilisé dans plusieurs documents qui ont été diffusés par le MEQ, entre autres. Le portrait représente un aspect statique qui fixe dans le temps les éléments analysés. De plus, il a un caractère plus global qui évoque une image à grands traits de l'école, mais loin de la précision de l'analyse. En ce sens, nous l'associons davantage à une fiche signalétique, ou à une synthèse, qui pourrait résumer l'état de la situation à un moment précis.

Outre le sens qu'il faut donner au terme « analyse », et comme mentionné précédemment, l'analyse de la situation est une étape qui s'insère dans une démarche plus poussée menant à l'élaboration du projet éducatif et du plan de réussite de l'établissement. Si les composantes de cette analyse ont été définies[4], la méthode à utiliser reste à déterminer par les acteurs concernés.

La participation constitue l'un des aspects clés de l'analyse de la situation, car elle doit susciter l'engagement de tous les acteurs. Bien que la Loi sur l'instruction publique le précise ainsi, notre parti pris pour la gestion participative nous incite à mettre l'accent sur une démarche de collégialité et de participation. D'une part, nous croyons que les personnes directement concernées par une situation ont des compétences pour élaborer des stratégies pertinentes. D'autre part, nous pensons que la participation active dans la description de la situation initiale est un facteur de motivation à l'engagement dans une démarche de changement.

Ce que l'on retrouve dans l'analyse de la situation

Nous suggérons de présenter l'analyse de la situation de votre établissement en quatre points :
1) Présentation de votre établissement
2) Réussite des élèves de votre établissement
3) Analyse de l'environnement
4) Synthèse de la situation de l'établissement

---

4 L'article 74 de la Loi sur l'instruction publique stipule que « [...] les besoins des élèves, les enjeux liés à la réussite des élèves, ainsi que les caractéristiques et les attentes de la communauté » doivent être considérés dans l'analyse de la situation.

Point 1 – Présentation de votre établissement

Il s'agit d'une brève présentation de votre établissement, de type fiche signalétique, où l'on trouve les éléments suivants :

- Ordre d'enseignement
- Communauté desservie
- Nombre d'élèves, nombre de groupes, enseignement régulier, adaptation scolaire, programmes spéciaux
- Résultats des élèves[5]
- Personnel de l'école
  - Direction
  - Soutien technique
  - Soutien administratif
  - Soutien à l'entretien
  - Enseignant
  - Professionnel
- Budget annuel
- Aspects particuliers de l'édifice s'il y a lieu (ex. : plus d'un immeuble, piscine municipale à l'intérieur des murs,...)

Point 2 – Réussite des élèves de votre établissement

Le point 2 sera consacré à la description de la réussite des élèves de votre établissement. Cette description tiendra compte de ce que le milieu a d'abord défini comme la réussite attendue (la page 55 traite de cette question). La réussite des élèves ne peut se résumer à quelques données chiffrées et globales pour l'ensemble de la clientèle et présentées dans la première partie. Il vous faut aller plus loin dans le traitement des données dont vous disposez. Généralement, ces données sont accessibles par les systèmes de gestion informatisés. Par ailleurs, pour certaines clientèles, il vous faudra soit faire quelques opérations informatiques soit travailler à partir d'autres documents, par exemple, les plans d'intervention individualisés.

Ces données doivent vous servir à décrire et à comprendre ce qui se passe entre le moment où l'élève arrive dans votre établissement et le moment où il le quitte : qu'a-t-il réussi ? Qu'a-t-il échoué ? Comment cela s'est-il produit ? Quand cela s'est-il produit ?

Si, d'une part, il est essentiel d'examiner ce type de données, il est tout aussi important de travailler à partir des perceptions des acteurs sur la question de la réussite de votre clientèle. En cohérence avec notre conception

---

[5] À cette étape, attardez-vous soit à la promotion au secondaire, pour une école primaire, soit à la diplomation, pour une école secondaire. Une école qui n'offre pas l'enseignement à tous les cycles de son ordre présente la promotion à la classe supérieure dans l'école qui reçoit sa clientèle.

d'une gestion participative, nous croyons qu'il est donc important de recueillir ce que les acteurs[6] pensent et croient par rapport aux forces et aux difficultés rencontrées par le milieu école.

La confrontation entre ce qui est perçu et ce qui est observé, entre autres dans les bases de données ou les documents officiels, vous fournira de précieuses informations qui vous aideront, par la suite, à formuler un portrait plus juste et plus nuancé de votre milieu.

Point 3 – Analyse de l'environnement

À partir de l'analyse des résultats des élèves au regard de leur réussite et de ce qui a été énoncé par les acteurs du milieu, vous rendez compte de l'analyse des autres aspects de l'environnement qui sont susceptibles d'avoir un caractère favorisant la réussite ou contribuant à la non-réussite. Ces aspects ne sont pas nécessairement ressortis lors du travail avec les participants, mais ils sont précisés par l'article 74 de la Loi sur l'instruction publique ou jugés pertinents compte tenu de l'état de la recherche en éducation.

Le plan stratégique de votre commission scolaire peut avoir mis en évidence des aspects pertinents pour votre milieu. Dans ce cas, vous en ferez mention dans cette partie. Les référentiels présentés plus loin vous seront aussi utiles afin de faire un tour d'horizon approprié.

À titre d'exemple, l'on pourra s'inspirer du modèle élaboré par le MEQ conjointement avec la Société GRICS[7] afin d'investiguer davantage soit les caractéristiques des élèves et de leur famille, soit les forces et les faiblesses des interventions pédagogiques, soit encore se questionner sur la qualité de vie à l'école.

Point 4 – Synthèse de la situation de l'établissement

Le point 4 présente une synthèse de ce que vous avez réalisé précédemment. En effet, une analyse est une étude approfondie des différentes parties ou composantes d'un tout. En ce sens, elle comporte des limites, entre autres celle d'être difficilement accessible pour qui n'a pas directement contribué à sa réalisation. Afin de rendre intelligibles les constats de l'analyse à l'ensemble des interlocuteurs concernés, une quatrième partie met en évidence les informations et les éléments que vous jugez essentiels.

Vous pourriez alors publier seulement la partie 1 et 4, et rendre accessibles, sur demande, les parties 2 et 3 comme compléments d'information.

---

[6] Le terme acteur est utilisé pour désigner les élèves, les parents, les membres du personnel de l'établissement et les membres de la communauté.

[7] GRICS, Gestion du réseau informatique des commissions scolaires.

Quel est l'objectif de l'analyse de la situation ?

Pourquoi mettre tant d'énergie et consacrer tout ce temps à la réalisation de votre analyse de la situation? Plusieurs motifs peuvent nous venir à l'esprit.

Répondre à une exigence légale

Sûrement une réponse que certains vous apporteront en suggérant du même coup qu'il s'agit là d'une opération imposée et obligatoire qui n'apporte rien à la vie quotidienne du milieu scolaire. Cependant, on peut y voir bien autre chose.

Mesurer l'efficacité et l'efficience des moyens mis en place

Nombreux sont les milieux qui, depuis plusieurs années, sont en démarche de résolution de problèmes afin de mieux satisfaire les besoins de leur clientèle. Observer l'impact des actions se révèle pertinent et permet d'ajuster les pratiques. C'est à cela aussi que peut servir l'analyse de la situation.

Gérer le changement

L'école est une organisation qui doit sans cesse s'ajuster aux changements qui se produisent dans la société en général et dans son milieu en particulier. Mieux connaître son environnement, objet entre autres de l'analyse de la situation, permet à l'établissement de s'ajuster en revoyant ses façons de faire en lien avec sa communauté et sa clientèle.

Établir ses priorités

Tous s'entendent sur ce constat : les attentes vis-à-vis de l'école sont nombreuses, variées et, parfois, contradictoires. Faire l'analyse de sa situation sert à jeter un éclairage particulier sur les attentes du milieu et favorise l'expression de choix collectifs qui se traduiront, dans une étape ultérieure, par des priorités d'intervention.

À ce qui vient d'être énoncé, nous pourrions aussi anticiper des retombées à la suite de l'exercice de l'analyse de la situation telles que :
- la mise en commun des perceptions des acteurs du milieu ;
- la saine confrontation entre des perceptions et des données observables et mesurables ;
- la constitution de référents collectifs ;
- la constitution d'un portrait servant de mémoire collective.

Bref, ce qu'il faut retenir est que l'analyse de la situation, alimentée par une réflexion rigoureuse, permet d'établir le sens de l'action collective.

Comment faire l'analyse de la situation ?

Toujours dans la perspective de vous soutenir dans votre démarche d'analyse de la situation, nous abordons ici quatre pistes à explorer.

Première piste : le concept de réussite

Le concept de réussite nous apparaît comme une étape préalable à toute démarche d'analyse de la situation au regard de la réussite. Par la suite, nous présentons un exemple de démarche ainsi que quelques précautions à prendre lors de la collecte des données et au moment de leur analyse. Nous poursuivons en présentant quelques référentiels qui vous permettront d'observer votre milieu sous différents angles. Nous terminons en traitant de l'aspect du suivi que vous devez assurer tout au long de cette démarche.

Définir la réussite

Le terme réussite peut englober plusieurs réalités selon le point de vue que l'on adopte. De plus, on l'a souligné au chapitre 1, la Loi sur l'instruction publique a été modifiée de manière à ce que la réussite ne soit plus qualifiée de scolaire. Ce qui ne signifie pas que tout peut être considéré comme la réussite.

Étant donné que nous cherchons à définir le sens du terme réussite dans le cadre du projet éducatif, il nous semble approprié de lui donner une connotation scolaire. Nous ne le réduisons pas pour autant à l'obtention d'un diplôme comme semble le proposer la commission de l'éducation[8] (voir l'encadré à la page 56), mais nous ne voulons pas perdre de vue la mission propre de l'école et du centre. Cela nous permet d'exclure un sens qui engloberait beaucoup plus que la contribution potentielle de l'école. Il en va de même pour ce que l'on nomme la réussite sociale qui, elle, s'inscrit souvent dans un temps allant au-delà de la fréquentation scolaire et est tributaire de l'environnement et de l'individu en question.

---

[8] Assemblée nationale, Commission de l'éducation, « Les conditions de la réussite scolaire au secondaire. Rapport final et recommandations », décembre 1996, p. 7.

LA RÉUSSITE SCOLAIRE

On parle tantôt de réussite scolaire, tantôt de réussite éducative. La première est plus délimitée, elle concerne le cheminement scolaire. Elle se mesure, pour le secondaire, par l'obtention d'un diplôme d'études générales ou professionnelles. Elle pose l'épineux problème d'un seuil uniforme d'exigences : un seuil trop élevé devient inaccessible pour plusieurs élèves, un seuil trop bas incite à l'insouciance ceux pour qui il ne constitue pas un défi. Ce qui lui donne un effet pernicieux sur l'engagement des jeunes dans leurs études.

Attendu que le taux d'obtention du diplôme d'études est une mesure d'atteinte des objectifs minima et un outil statistique intéressant, il a sa place dans un système d'éducation. Il est un indice des progrès d'une population en matière de scolarisation. Néanmoins, la notion de réussite scolaire est d'une utilité limitée pour le développement du potentiel de chaque élève. Elle a avantage à être complétée par le concept de réussite éducative qui peut permettre d'éviter la démotivation chez les élèves pour qui le diplôme est hors de portée et de favoriser l'engagement de ceux qui peuvent faire plus.

LA RÉUSSITE ÉDUCATIVE

La réussite éducative est à la fois celle des écoles qui font progresser leurs élèves et celle des élèves qui s'engagent énergiquement dans leur propre développement.

Elle concerne des acquis généraux qui dépassent, ou du moins qui intègrent différemment les objectifs des programmes d'études. Elle est une notion plus floue, elle s'évalue plus difficilement.

Elle est de peu d'utilité pour les comparaisons statistiques. Elle a par ailleurs un potentiel éducatif plus grand. On l'utilise surtout pour reconnaître les compétences acquises par les élèves qui n'atteignent pas la barre des seuils minima. Pour un élève ayant de bonnes capacités d'apprentissage, un diplôme obtenu avec des performances médiocres est en soi un échec éducatif. Reconnaître ce fait ramène les idées de défi et d'effort associés au concept de réussite. N'oublions pas que certains décrocheurs sont des élèves ayant un potentiel moyen et même élevé d'apprentissage. Les jeunes ne s'y trompent pas. Obtenir la note de passage « par charité » n'augmente pas leur confiance en eux. Alors qu'à l'inverse, de petits échecs surmontés sont des stimulants qui donnent envie de s'attaquer au prochain défi.

LA RÉUSSITE SOCIALE

Cette notion intègre une composante supplémentaire, à savoir le transfert efficace des acquis scolaires dans la vie personnelle et dans les rôles sociaux. Être une personne équilibrée, cultiver des relations satisfaisantes avec son entourage, apporter une contribution utile à sa collectivité caractérisent la réussite sociale.

Cette forme de réussite n'est pas mesurée par le système scolaire, elle fait cependant partie de son objectif ultime. L'école ne mesure pas la réussite sociale, mais à l'inverse, les jeunes et la société jugent souvent l'école sur sa capacité à préparer ses utilisateurs à cette réussite.

Le Programme de formation de l'école québécoise propose aussi un nouvel éclairage par rapport au sens à donner à la réussite. Les définitions suggérées prennent en compte le but visé par le plan d'action ministériel, le succès du plus grand nombre, et les préoccupations d'une gestion axée sur les résultats.

LA RÉUSSITE FORMELLE DE LA SCOLARITÉ[9]

Le sens le plus souvent évoqué réside dans la formule *réussite du plus grand nombre*. Celle-ci suggère que l'école doit permettre à un nombre sans cesse croissant d'élèves d'acquérir les compétences considérées comme essentielles à l'obtention d'un diplôme d'études secondaires. En conformité avec le Programme de formation, les diplômes officiels témoignent du développement des compétences dans tous les domaines : langues, mathématique, science et technologie, arts, univers social et développement personnel. Les exigences seront élevées pour préparer l'élève à une participation active dans un monde complexe, mais assez souples pour reconnaître la diversité des façons d'y prendre sa place. Ces diplômes seront reconnus comme des indicateurs d'apprentissages touchant différents domaines de formation et utiles à la compréhension du monde, à la structuration de l'identité et à la capacité d'agir sur les plans intellectuel, social, technique et artistique.

LA RÉUSSITE ÉDUCATIVE

Le concept de *réussite pour tous* met en lumière la responsabilité qu'a l'école d'offrir à tous ses élèves, quels que soient leurs talents, leurs aptitudes ou leurs champs d'intérêt, les bases nécessaires à une insertion sociale réussie. On pourrait ici parler de réussite fonctionnelle de l'éducation, une réussite à géométrie variable s'appliquant à la totalité des jeunes. Dans cette logique, chaque élève devra se voir reconnaître les acquis témoignant de la façon dont il a enrichi son bagage initial, a tiré profit de son passage à l'école et s'est préparé à poursuivre ses apprentissages au-delà de l'école secondaire.

LA RÉUSSITE D'UN PROJET PERSONNEL DE FORMATION

La réussite a un autre sens qui réfère aux *défis relevés*. Vue sous cet angle, la notion de réussite s'adresse aux élèves ayant des difficultés importantes, qui sont invités à développer leurs forces et à surmonter leurs limites. Elle concerne également les nombreux élèves talentueux, car l'école doit les inciter, eux aussi, à développer leurs forces et à dépasser les attentes établies.

LA RÉUSSITE INSTITUTIONNELLE

L'école offre des services éducatifs à des individus, mais elle a aussi des responsabilités envers la collectivité. Elle doit s'assurer de l'efficacité de ses actions au regard du degré de compétences généralement atteint par l'ensemble des élèves et vérifier la pertinence des mesures qu'elle met en place. En conséquence, il importe que son projet éducatif soit poursuivi et évalué en ce qui a trait à l'ensemble des dimensions du Programme de formation, tant celles qui touchent les individus que celles qui concernent la collectivité.

Nous pourrions disserter longuement sur le concept de réussite tant celui-ci peut signifier plusieurs réalités. Toutefois, ces multiples interrogations et interprétations justifient que vous accordiez de l'importance à la clarification de ce concept. Cherchez à mieux définir ce qui est attendu de votre école nous apparaît essentiel si vous voulez être en mesure de répondre le moment venu à la question : quels sont vos résultats ? ou encore : qu'avez-vous réussi ?

---

[9] Ministère de l'Éducation, « Programme de formation de l'école québécoise – Enseignement secondaire, premier cycle », version approuvée, août 2003, p.13-14.

Deux aspects devraient être pris en compte afin de donner du sens à cette notion qu'est la réussite. D'une part, il nous apparaît essentiel que les différents groupes d'acteurs définissent leur vision de la réussite et d'autre part, vous devez proposer en bout ligne une vision partagée.

Les parents et les membres de la communauté

Par exemple, en ce qui concerne les parents ou les membres de la communauté, qu'attendent-ils de leur école ? Que souhaitent-ils pour les jeunes qui fréquentent l'établissement scolaire et qui sont aussi membres de leur communauté ? Et comment entrevoient-ils leur contribution à la réalisation de cette réussite ? C'est une manière d'aller chercher les attentes spécifiques de votre milieu à l'égard de son établissement.

Les intervenants du milieu scolaire

En ce qui concerne les intervenants de l'établissement, principalement le personnel enseignant, il est tout aussi important de les amener à définir la réussite souhaitée. Non pas une définition universelle qui pourrait être acceptable pour n'importe quel établissement, mais bien une définition de la réussite qui tend à décrire ce que chacun souhaite atteindre réalistement pour l'ensemble des élèves qui lui sont confiés et ce, au terme de l'année scolaire ou du cycle, selon le cas. En effet, comment une définition de la réussite concernant la fin du parcours scolaire peut-elle être véritablement significative pour un enseignant qui intervient, par exemple, auprès d'élèves de 6 ans et, en même temps, lui servir de point de repère au moment du bilan ? Car, si chacun, individuellement et en équipe, fait l'exercice de décrire ce que signifie « réussir » son année ou son cycle lorsqu'on est au préscolaire ou au 2e cycle du primaire, ou au 1er cycle du secondaire ou encore en cheminement particulier, le bilan annuel sera plus facile à réaliser, davantage significatif et servira plus efficacement la reddition de comptes.

Les élèves

Cet exercice doit aussi s'adresser aux élèves. Puisque nous prétendons les accompagner dans leur parcours scolaire, encore faut-il saisir là où ils désirent se rendre ou là où ils croient arriver. Peut-être aurez-vous quelques surprises?

Une mission à trois volets

Cet effort de visualiser ce qui est souhaité comme réussite pour chaque regroupement d'élèves mis en place par l'établissement doit, de plus, prendre en compte les trois volets de la mission de l'École québécoise soit instruire, socialiser et qualifier.

À titre indicatif, on trouve, dans l'encadré de la page 59, une définition proposée par le ministère de l'Éducation.

La réussite des élèves peut être considérée en fonction des trois volets de la mission de l'École québécoise : instruire, socialiser, qualifier.

Thèmes :

LA RÉUSSITE AU PLAN DE L'INSTRUCTION

« L'élève réussit au plan de l'instruction s'il développe les compétences nécessaires pour assurer son développement cognitif et la maîtrise des savoirs tels que déterminés dans le Programme de formation et, s'il y a lieu, en fonction d'attentes particulières telles que fixées au plan d'intervention [10] ».

LA RÉUSSITE AU PLAN DE LA SOCIALISATION

« L'élève réussit au plan de la socialisation s'il peut établir et entretenir des relations sociales, s'adapter et s'intégrer à la vie en société, exercer une citoyenneté responsable. Cela se traduit, notamment par le développement de compétences nécessaires pour assurer son développement social et affectif, tel que déterminé par le Programme de formation, et s'il y a lieu, en fonction d'attentes fixées au plan d'intervention. » [11]

LA RÉUSSITE AU PLAN DE LA QUALIFICATION

« L'élève réussit au plan de la qualification s'il a obtenu, à la fin d'un parcours scolaire, une reconnaissance officielle des compétences requises pour exercer un métier ou poursuivre ses études à un palier supérieur. Ces compétences, déterminées dans le Programme de formation devraient favoriser son insertion sociale et professionnelle. [12] »

Une vision partagée

L'exercice ne saurait être complet si un maître du jeu, c'est-à-dire vous, n'avait pas le souci de mettre en parallèle les résultats de cette réflexion, d'en ressortir les points de convergence et de divergence, de proposer une harmonisation et ce, à l'horizontal (cohésion) et à la verticale (progression).

En bout de ligne, l'établissement affiche clairement sa vision de la réussite en tenant compte de son milieu et de sa clientèle. C'est aussi ce qui guidera son projet éducatif puisque celui-ci, comme nous l'avons vu au chapitre 1, vise l'application, l'adaptation et l'enrichissement de la mission éducative. Cette vision de la réussite a du sens pour les acteurs du milieu et les élèves qui fréquentent l'établissement et permet de s'autoévaluer le moment venu et de rendre des comptes par la suite.

---

[10] Ministère de l'Éducation – Direction de l'adaptation scolaire et des services complémentaires, « Protocole d'évaluation de l'application de la politique de l'adaptation scolaire », document de travail, 2001.
[11] *Ibid.*
[12] *Ibid.*

Deuxième piste : collecter et analyser des données

Après avoir mieux cerner le but à atteindre concernant la réussite, vous êtes prêt à analyser la situation actuelle de votre établissement. Cette analyse se réalise par l'examen des composantes de votre réalité et des liens qui les régissent. Vous procédez donc à une collecte de données et, par la suite, à l'analyse de ces dernières.

Voici une illustration de démarche en cinq étapes : *questionner, explorer, formuler, valider* et *recadrer* et, enfin, *reformuler*.

Figure 9 : Étapes de l'analyse de la situation

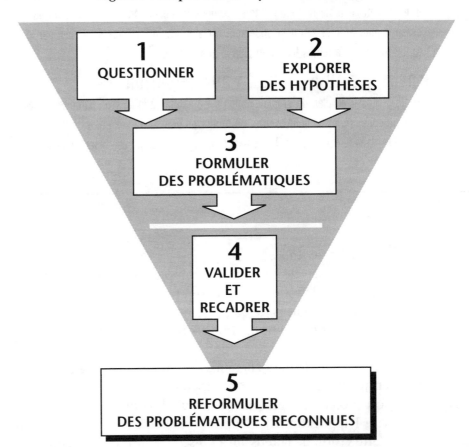

Questionner l'état de la situation en ce qui concerne la réussite de nos élèves

Comment nos élèves réussissent-ils et comment qualifions-nous cette réussite ? voilà les questions à se poser.

C'est une étape d'échanges où il est tout indiqué de travailler avec des groupes représentant les différents acteurs du milieu. Inévitablement, des forces et des faiblesses de votre établissement seront soulevées. Il demeure important de garder en mémoire, lors des échanges, que l'on se questionne sur l'état de la réussite des élèves. En ce sens, il est approprié de mettre en lumière quelques données[13] traduisant différentes réalités de l'école. Bien sûr, les chiffres ne parlent pas d'eux-mêmes, au contraire, ils créent souvent plus de confusion chez celui qui n'a pas toutes les précisions nécessaires. Il importe donc de les expliquer.

Avant de publier une donnée chiffrée, il importe d'en préciser le sens et les limites. Par exemple, on peut avoir diminué son résultat moyen à l'épreuve du ministère de l'Éducation en histoire, mais l'avoir augmenté par rapport à la moyenne provinciale et avoir réussi à inscrire proportionnellement plus d'élèves en histoire ce qui, somme toute, serait une amélioration par rapport à l'année précédente.

Si la présentation de données jugées signifiantes peut être utile afin de maintenir le questionnement en lien avec la réussite des élèves, ce n'est peut-être pas lors des premiers échanges avec les acteurs du milieu qu'il faut les inonder de chiffres. Ces données devraient être choisies comme déclencheurs dans un premier temps. Ultérieurement, l'examen des données chiffrées sera utile pour jeter un nouvel éclairage sur les premiers constats.

Outre les données chiffrées de l'établissement, on peut aussi ajouter, en référence, des données d'entités plus larges telles que celles de la commission scolaire et du MEQ. Ainsi, vous préparez une mise en perspective qui peut susciter un nouveau questionnement.

Une chose demeure, chaque donnée chiffrée doit être explicitée, remise en contexte et doit apporter un élément nouveau à la représentation de la réussite des élèves de votre établissement.

Il est intéressant aussi de faire exprimer le degré de satisfaction des acteurs du milieu par rapport aux données que vous avez choisies de présenter. Peut-être que des parents souhaiteront encore de l'amélioration même dans un milieu où les élèves sont promus en première secondaire à 95 % et, dans un

---

13 À titre d'exemple : le nombre d'élèves promus d'un programme ou d'un cycle à l'autre ; le nombre d'élèves passant d'une classe fermée (adaptation scolaire) à une classe ordinaire et vice versa ; le nombre d'élèves ayant atteint les objectifs inscrits dans leur plan d'intervention ; le nombre d'élèves ayant réussi l'examen de sciences physiques du ministère de l'Éducation. On peut ainsi utiliser les indicateurs nationaux ou tout autre indicateur local jugé pertinent.

autre milieu, les enseignants jugeront acceptable le fait d'obtenir 75 % comme taux de réussite à l'examen de mathématique. On voit donc que les standards peuvent varier beaucoup d'un milieu à l'autre. Chaque milieu se trouve ainsi à préciser ses attentes envers les élèves ce qui peut être fort intéressant.

Amorcer les échanges peut se faire de différentes manières. Par un questionnement large et très ouvert, par exemple en présentant des données qui vont à l'encontre des croyances largement répandues dans votre milieu, en utilisant un questionnaire standardisé, etc.

Bref, cette première étape vise à faire verbaliser les perceptions et à mettre en évidence certaines données. Vous obtiendrez des informations en examinant les données de votre système de gestion informatisé, en colligeant des résultats inscrits dans d'autres documents (par exemple, les plans d'intervention) ou à l'aide de questionnaires d'entrevues ou de *focus group*. Vous ne cherchez pas la convergence, mais davantage à prendre connaissance des multiples façons de voir la situation des élèves dans votre établissement scolaire. Peu importe que vous amorciez votre cueillette de données à l'aide d'un modèle ou d'un autre, que vous examiniez d'abord des données chiffrées ou que vous amorciez votre démarche par des questions concernant les perceptions d'individus, vous questionnez toujours ce qui se passe dans votre établissement relativement à la réussite de vos élèves.

Explorer des hypothèses liées aux facteurs qui contribuent à la réussite et à la non-réussite

Dans la pratique, cette étape se réalise souvent simultanément à la première. En effet, au fur et à mesure, des échanges d'idées concernant la réussite des élèves, des opinions relativement aux motifs expliquant cet état de situation sont émises. Ces opinions sont accueillies et mises en relation avec le résultat observé. Par exemple, on constate que les élèves n'effectuent pas leurs travaux à la maison et on invoque, comme explications, qu'ils ne sont pas motivés, que le suivi effectué par l'école, lorsqu'un devoir n'est pas remis, est inapproprié et que le nombre de familles monoparentales est élevé.

Ces raisons invoquées peuvent être traitées dans un rapport de causalité, mais il est probablement plus juste de les aborder comme des facteurs[14] favorisant la non-réussite. Bien entendu, il existe aussi des facteurs favorisant la réussite.

---

[14] On entend ici par facteur une caractéristique d'un individu, de son milieu familial, de son milieu social ou de son établissement scolaire qui a une valeur prédictive par rapport à la réussite ou à la non-réussite. Ainsi, ce n'est pas parce que le suivi effectué par l'école lorsqu'un devoir n'est pas remis est inapproprié que l'élève ne fait pas ses devoirs (relation de causalité). Dans ce cas, aucun élève ne ferait ses devoirs. Cependant, on pourrait observer que, dans le cas où un meilleur suivi est effectué, le nombre d'élèves effectuant leurs devoirs est plus élevé et ce, de manière significative. Ceci nous permettrait de conclure que l'absence d'un suivi approprié est un facteur de risque relativement à la réalisation des devoirs et, par extension, à la réussite étant donné que la réalisation de travaux à la maison favorise la réussite.

Ainsi, par rapport aux facteurs invoqués par les acteurs du milieu, trois questions peuvent être posées :

- pouvons-nous expliciter le lien que nous voyons entre le résultat observé et le facteur invoqué? (En quoi le fait d'appartenir à une famille monoparentale peut avoir de l'impact sur les travaux scolaires à domicile?)
- ce facteur est-il davantage présent dans notre établissement que dans d'autres établissements? (Nos élèves sont-ils moins motivés qu'ailleurs?)
- avons-nous du pouvoir sur ce facteur? (Pouvons-nous influencer la motivation de nos élèves? Pouvons-nous intervenir sur la situation des familles?)

Vous comprendrez que de traiter ainsi tout ce qui sera dit en terme de causes, de motifs ou de raisons, c'est-à-dire de les aborder comme des facteurs et de répondre aux trois questions précédentes, permet de mettre un peu de perspective et de préparer les prochaines étapes.

Dans le cadre de la stratégie d'intervention AGIR AUTREMENT, différents facteurs ont été isolés afin d'explorer la réalité des établissements en ce sens. Des outils produits par le ministère de l'Éducation se retrouvent au chapitre 3.

Formuler des problématiques reconnues par le milieu

Les constats énoncés ainsi que les facteurs y contribuant vous amènent à formuler des problématiques. En fait, il s'agit de mettre en relation ce qui a été énoncé de manière à obtenir une vue plus large qui traduit mieux la complexité des situations. (Si ce qui est énoncé n'est pas complexe, c'est que la solution est évidente et il n'y a donc pas lieu de traiter cet élément dans votre analyse de la situation. Mais, attention aux solutions miracles!) Vous pouvez aussi formuler une série de problèmes et les regrouper en thèmes. En résumé, vous organisez l'ensemble des idées et des faits qui ont été soulevés, tout en vous assurant que les participants reconnaissent leurs propres idées dans la formulation que vous leur proposez.

Ce n'est pas encore le temps de proposer des pistes de solution bien que plusieurs seront tentés de le faire. Prenez-les en note et informez les participants que vous y reviendrez plus tard. Il faut se rappeler que les moyens à mettre en place sont des éléments du plan de réussite et que ce dernier s'élabore avec la participation de votre équipe d'enseignants.

Valider et recadrer les problématiques

Cette étape en est une de recherche et de réflexion. Regarder dans plus d'une direction et varier ses sources d'information sont deux actions à mener avec rigueur. Tout ce qui a été énoncé par les acteurs du milieu, même si ce travail a été fait avec beaucoup de sérieux et en s'appuyant le plus possible sur des faits observables, doit maintenant être validé.

Regarder dans plus d'une direction signifie adopter plusieurs angles de vue par rapport à un objet. Si les premières étapes ont été réalisées avec la collaboration de différents groupes d'acteurs, incluant les élèves, vous avez déjà là du matériel à mettre en relation. Ainsi, si nous reprenons notre exemple des devoirs à la maison, les élèves auront peut-être dit qu'ils n'aimaient pas les devoirs (et donc qu'ils ne les faisaient pas) parce que ceux-ci étaient souvent trop difficiles ou qu'ils ne percevaient pas le lien avec le travail fait en classe, ou qu'il était décourageant pour certains d'avoir à les réaliser à la maison quand plusieurs les faisaient durant les cours. On voit donc que le problème des devoirs, du point de vue des élèves, est bien différent de ce qui avait été énoncé plus haut.

Outre le fait de mettre en relation ce que les différents acteurs disent d'une situation, vous remarquerez aussi que certains aspects ne sont pas du tout abordés. Chaque individu ayant participé aux échanges a une vision personnelle de l'école, de ses buts et de son efficacité. De même, il porte en lui ses propres enjeux. Ces visions et ces enjeux, différents et pas toujours explicites, font en sorte que parfois des aspects de la vie de l'école sont complètement occultés. Les référentiels que nous présentons dans la section suivante vous aideront à porter un regard neuf sur votre organisation et à questionner à nouveau les problématiques soulevées.

C'est à cette étape aussi qu'il serait intéressant de faire le lien avec le plan stratégique de votre commission scolaire. Nous avons abordé brièvement cet élément plus tôt et nous avons mis en évidence que ce plan devait traduire les enjeux et les défis de votre commission scolaire. Il serait donc fort probable que vous soyez en mesure de faire des liens entre ce qui est énoncé par cette instance et ce que vous observez dans votre milieu plus particulièrement.

Il n'est pas suffisant de développer une vision plus globale, il faut aussi s'attarder à valider ce qui est mis en lumière. La validation se réalise en variant ses sources d'information par rapport à un même objet. Dans notre exemple sur les devoirs, on a déjà constaté que selon les acteurs, le problème n'a pas été posé de la même manière. Cela est donc matière à nuancer et questionner cette problématique. Toutefois, les motifs, ou les facteurs invoqués, sont-ils vérifiables ? Devons-nous tenir pour acquis ce que chacun en dit ? Il est pertinent ici de cultiver le doute et de questionner, même ce qui nous apparaît comme un fait accepté de tous. Ainsi, on cherchera à confirmer ou à infirmer les informations recueillies auprès des individus par des données observables et mesurables. (Combien d'élèves n'ont pas remis leur devoir au cours d'une période déterminée ? Avons-nous un réel problème ? Concerne-t-il toute la population étudiante ? Si non, quelle est la clientèle ciblée ? Etc.)

Outre ces questions qu'il faut se poser sur la réalité de votre environnement, il est aussi pertinent de vérifier ce qu'en dit la recherche en éducation afin d'apporter un nouvel éclairage sur la problématique et parfois de nouvelles questions (Que dit la recherche sur les devoirs à la maison et leur impact sur la réussite ?)[15].

Ces nouveaux éléments qui s'ajoutent ou qui modifient les énoncés de départ vous amèneront à définir la problématique selon une nouvelle perspective : c'est ce que nous appelons le recadrage.

Vous constatez donc qu'il y a tout un travail de réflexion et de recherche qui doit être fait après les premiers échanges avec les acteurs. Il serait réaliste de mettre à contribution un comité qui pourra vous seconder dans ce travail. De plus, compte tenu des exigences liées à une telle production, on choisira avec soin les problématiques qui seront ainsi scrutées, car vous n'arriverez peut-être pas à analyser tout ce qui sera soulevé. Les problématiques retenues le seront en raison de leur impact sur la réussite et de la capacité du milieu à agir sur celles-ci ou d'en tenir compte de manière significative.

Reformuler des problématiques reconnues par le milieu

À la suite du travail de validation et de recadrage, vous êtes en mesure de reformuler les problématiques et de les soumettre de nouveau aux différents acteurs. Cette étape vous permet d'exposer le fruit de l'analyse qui a été effectuée à l'étape précédente, d'expliciter les modifications apportées aux premiers énoncés et de faire part des éléments qui ont fourni un nouvel éclairage. C'est en quelque sorte la vision de la situation de votre établissement scolaire commentée et appuyée des perceptions des acteurs, de données factuelles et de connaissances découlant de la recherche en éducation. Des questions sont posées, des discussions s'amorcent afin de s'assurer d'une compréhension la plus univoque possible et de dégager un consensus.

McEwan définit « le consensus comme une opinion collective à laquelle arrive un groupe dont les membres communiquent entre eux et se soutiennent mutuellement »[16]. En ce sens, il semble que la démarche d'échanges est très importante : permettre l'expression des opinions, demander de clarifier les idées émises, se centrer sur les idées plutôt que sur les personnes qui les défendent, reformuler adéquatement, assurer le suivi aux discussions, se préoccuper du climat, etc., sont des habiletés d'animation à mettre en pratique. Selon Howden et Kopiec (2002), il n'y a probablement pas de décision ou de prise de position parfaite, mais le processus adopté peut vous aider à obtenir une décision de qualité.

---

[15] Clermont Gauthier, Jean-François Desbiens et Stéphane Martineau (1999) ont écrit un petit ouvrage fort intéressant dans lequel ils ont répertorié les résultats de plusieurs recherches en éducation.
[16] Dans J. Howden et M. Kopiec, « Cultiver la collaboration », Chenelière/McGraw Hill, Montréal, 2002, p. 85.

Cette dernière étape vous conduit donc à la rédaction de la conclusion, c'est-à-dire la synthèse de votre démarche d'analyse. Cette synthèse est une description rigoureuse et partagée par les acteurs du milieu de l'état de la situation au regard de la réussite visée pour vos élèves et elle témoigne de l'ensemble de la démarche que vous avez réalisée.

De manière plus précise, la synthèse de votre analyse est :
rigoureuse, c'est-à-dire qu'elle est précise, nuancée et qu'elle s'appuie sur des données valides et variées ;
partagée, c'est-à-dire qu'elle a fait l'objet d'une démarche consensuelle *par les acteurs du milieu*, c'est-à-dire des parents (à titre de parent ou de membre du milieu du conseil d'établissement), des membres de la communauté (à titre de représentant de leur organisme ou de membre du conseil d'établissement), le personnel de l'école (principalement les enseignants qui représentent le groupe qui intervient le plus directement et le plus souvent auprès des élèves), et les élèves ;
l'état de la situation de la réussite visée, c'est-à-dire la vision de la réussite qui a été dégagée par les acteurs de votre milieu et ce, selon les trois volets de la mission éducative.

Nous avons proposé une démarche qui origine d'abord de la perception des acteurs. Vous pourriez évidemment choisir un autre point de départ pour différentes raisons. En ce sens, nous le répétons, il n'y a pas une seule façon de faire les choses et votre manière de mener les différentes actions liées à l'analyse de la situation devra tenir compte de votre contexte. Ce qui importe est le résultat c'est-à-dire que vous réalisiez, avec votre conseil d'établissement, l'analyse de la situation de votre établissement.

Nous avons défini plus haut l'analyse comme étant un processus d'examen méthodique des différentes composantes d'un tout. La démarche illustrée précédemment vous amène à examiner différentes composantes de votre réalité à partir de sources de données variées et valides. Enfin, nous avons aussi insisté sur l'importance de mettre à contribution l'ensemble des acteurs de votre milieu.

Troisième piste : utiliser un référentiel

Cadre de référence du MEQ et de la Société GRICS

Le cadre de référence du MEQ et de la Société GRICS propose un modèle de découpage de la réalité d'une école à partir de quatre axes. Ce cadre de référence peut être traduit de la façon suivante :

Figure 10 : Cadre de référence du MEQ et de la Société GRICS (2002-2003)

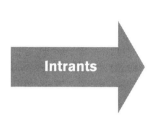
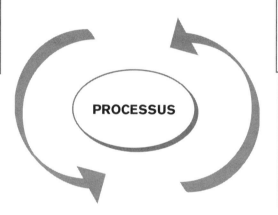

AXE 3
Pratiques éducatives

- les interventions pédagogiques
- l'encadrement autre que l'enseignement
- le soutien en appui au parcours scolaire
- la collaboration des parents

Intrants

Extrants

AXE 1
Connaissance du milieu

- les caractéristiques des élèves
- les caractéristiques du personnel de l'établissement
- les caractéristiques de la famille et de la communauté

PROCESSUS

AXE 2
Réussite des élèves

- la réussite au plan de l'instruction
- la réussite au plan de la socialisation
- la réussite au plan de la qualification

AXE 4
Qualité de vie et organisation de l'établissement

- la qualité de vie dans l'établissement et sur le terrain de celui-ci
- les orientations et les actions générales de l'établissement
- le développement des ressources enseignantes
- les ressources matérielles et financières

Modèle de Janosz

Pour réaliser une analyse de la situation, Janosz et ses collaborateurs ont effectué une recherche avec les intervenants scolaires et sociaux afin de bâtir un outil d'évaluation de l'environnement scolaire. Cette collaboration a permis à plusieurs écoles secondaires et primaires du Québec d'utiliser le questionnaire sur l'environnement socioéducatif(QES) pour mieux connaître leurs forces et leurs faiblesses.

Ce processus d'analyse de la situation s'inscrit dans une perspective développementale, écologique et transactionnelle. Dans ce contexte, nous devons tenir compte de manière simultanée du potentiel d'adaptation de l'individu (habiletés biologiques, cognitives, socioaffectives, comportementales...) et du potentiel éducatif de son environnement (familial, scolaire, social...)

Le modèle de l'environnement socioéducatif comporte trois composantes importantes à observer et à analyser dans un établissement. Tout d'abord, nous retrouvons le climat scolaire qui englobe les valeurs, la qualité des relations humaines, les sentiments de justice et d'équité et le sens de l'appartenance. Il y a plusieurs facettes à observer dans un climat scolaire : le climat relationnel, le climat éducatif, le climat de justice, le climat de sécurité et le climat d'appartenance.

Toujours dans un contexte d'une meilleure compréhension de son environnement, les problèmes scolaires et sociaux sont une autre composante à analyser. Parmi ces problèmes, les résultats du questionnaire aident l'équipe à identifier la violence liée à différentes formes de comportements difficiles et permet de les regrouper selon leur nature, leur diversité et leur gravité. Par la suite, cet outil différencie les problèmes perçus des problèmes vécus. Est-ce que le jeune subit la violence (victime) ou a des comportements violents envers les autres (acteur) ?

Pour compléter le modèle, nous retrouvons les pratiques éducatives, plus précisément les éléments d'intervention et de changement. Comme la qualité des pratiques éducatives a certainement une influence sur la qualité des apprentissages, alors il est pertinent de se préoccuper de la qualité des interactions entre l'élève et son enseignant. Cette composante regroupe plusieurs déterminants comme la stratégie pédagogique, le système d'encadrement, la gestion des comportements, le temps consacré à l'enseignement, le soutien aux élèves en difficulté, l'emphase sur la réussite éducative et le leadership éducatif.

L'environnement éducatif joue un rôle primordial dans la réussite de l'élève. Voilà l'importance de bien connaître son milieu pour choisir ses interventions afin de soutenir son personnel et développer une culture de la réussite dans son organisation.

Cette démarche d'analyse de la situation offre différentes possibilités pour réaliser son projet éducatif et son plan de réussite. Le questionnaire de l'environnement socioéducatif évalue le potentiel éducatif de l'environnement scolaire, offre différentes pistes d'intervention basées sur les forces et les faiblesses du milieu, guide l'établissement dans ses orientations et ses objectifs, soutient le processus d'intervention et évalue les effets des différentes interventions.

Cet instrument trace un portrait de la situation à un moment donné de l'histoire de l'école. Janosz et ses collaborateurs ont développé un programme de formation standardisé pour l'emploi de l'instrument et l'interprétation des résultats. Les écoles peuvent se procurer l'outil informatique pour faciliter l'utilisation du questionnaire à la Société GRICS.

C'est un outil qui peut servir de point de départ à une école qui veut regarder sa situation. Comme cet instrument observe différentes dimensions, chaque milieu devra faire des choix, parfois difficiles, mais ne pourra pas approfondir toutes les dimensions. Il sera préférable d'avoir une vision à long terme et de cibler des priorités d'action avec les membres de son équipe-école pour favoriser l'engagement.

Référentiel de l'AQPDE[17] : la gestion de l'établissement d'enseignement

Le référentiel de l'AQPDE est un modèle de découpage de la réalité d'une école qui prend en compte les trois missions : instruire, socialiser, qualifier, de même que les dimensions qui y sont rattachées. Il a été élaboré au cours de l'année scolaire 2000-2001 pour soutenir le personnel de direction des écoles primaires et secondaires de la grande région de Québec dans la réalisation du plan de réussite. On retrouve sous chaque dimension des descripteurs qui permettent de questionner la réalité administrative et pédagogique d'une école primaire ou d'une école secondaire.

Ce référentiel peut être traduit de la façon suivante :

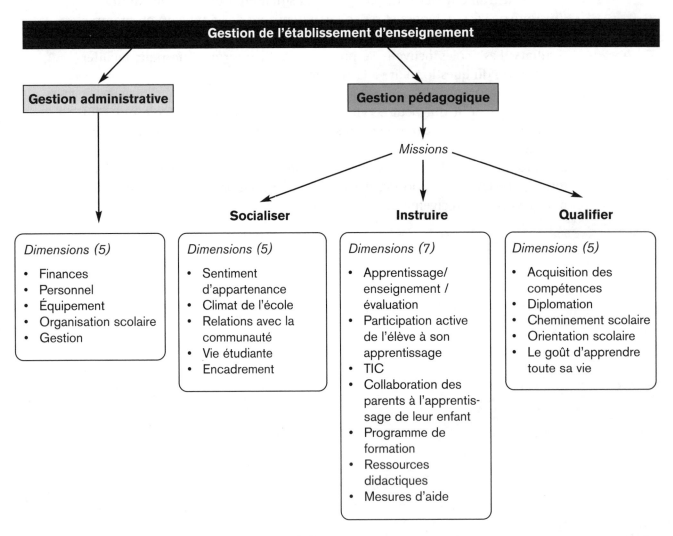

Au chapitre 3, nous avons reproduit le tableau complet sous le titre *Gestion de l'établissement d'enseignement*.

---

[17] AQPDE : Association québécoise du personnel de direction des écoles, Région de Québec.

Quatrième piste : assurer le suivi

Tout au long de votre démarche, vous ressentirez probablement le besoin de vérifier si vous êtes dans la bonne voie et si vous ne négligez pas trop certains aspects. Il est souhaitable dans une démarche de cette envergure d'avoir le souci d'évaluer, en cours de réalisation, les actions que vous menez afin de les maintenir et surtout de les réajuster si cela est nécessaire. C'est ce que l'on appelle la régulation. Legendre (1993) définit ainsi le terme régulation : «Ensemble des fonctions et des actions dont le but est de maintenir l'équilibre d'un système complexe en dépit des interventions de son environnement, ou de modifier le système de façon à ce qu'il s'adapte aux conditions environnantes». Malgré une planification soignée, il est très peu probable que les choses se déroulent exactement comme vous les aviez prévues. C'est pour cette raison qu'il est aidant de bien identifier ce qui est attendu en terme de résultat. Ce résultat attendu peut évidemment être décrit en tenant compte des conditions que vous voulez respecter. Ainsi, on peut souhaiter avoir réalisé son analyse de la situation dans un délai déjà annoncé, mais on peut aussi ajouter d'autres conditions de réalisation telles que la participation, le consensus, la rigueur, etc. Vous pourrez donc vous retrouvez dans une situation où vous devrez choisir entre le respect du délai ou la rigueur. Ce qui importe dans ces choix difficiles est surtout de les faire avec le meilleur éclairage possible.

Vous serez aussi confronté à des événements qui bouleverseront l'ordre prévu et qui exigeront soit que vous rappeliez le but que vous vous étiez fixé en tant que communauté soit que vous proposiez un ajustement par rapport à ce qui avait été planifié. Bref, vous aurez à piloter ce dossier à travers les aléas de la vie dans un établissement scolaire.

Pour vous aider à faire le point à différents moments, nous avons inclus dans nos outils un questionnaire concernant le contenu de votre analyse de la situation (voir p. 108). Ce questionnaire vous aidera à porter un regard sur les actions déjà réalisées. Évidemment, tout ce qui est soulevé dans ce questionnaire n'a pas nécessairement à être fait. Il s'agit toujours d'analyser la situation selon votre contexte. Cet outil comprend aussi une grille d'observation de la démarche (voir p. 110). Là encore, il s'agit d'un aide-mémoire à utiliser selon vos besoins.

> *La réussite appartient à tout le monde.*
> *C'est au travail d'équipe qu'en revient le mérite.*
>
> Franck Piccard

Quelles conditions mettre en place ?

Plusieurs fois, au cours de notre exposé, nous avons insisté sur la participation des acteurs du milieu. Nous y accordons suffisamment d'importance pour terminer ce chapitre en y revenant encore une fois. En effet, cela nous apparaît comme essentiel à la réalisation d'une analyse de la situation qui sera la pierre d'assise des orientations et des objectifs du projet éducatif et, par la suite, du plan de réussite.

Le modèle de gestion qui tente de se développer dans nos organisations scolaires en est un de collégialité. La Loi sur l'instruction publique prévoit le partage des pouvoirs, le Régime pédagogique instaure l'approche par cycle et, de plus en plus, on observe les bénéfices de l'apprentissage coopératif. Voilà bien des indices d'une tendance à prendre en considération, non seulement ce que les uns et les autres pensent, mais bien davantage à susciter les contributions actives de chacun. Cette approche est bien différente de la consultation que nous avons connue au cours des dernières années. La participation signifie une mise en commun qui teinte la production collective. Cette participation est nécessaire à toutes les étapes de réalisation du processus dont il est question ici : de la mise en problèmes en passant par le moment de faire des choix parmi les problématiques qui seront explorées davantage jusqu'à l'étape de la synthèse. À chacun de ces temps, vous aurez le souci de favoriser la participation et la prise en charge par tous et ce, autant en ce qui concerne le contenu que la démarche elle-même. Ce qui est attendu des milieux scolaires ne peut pas être l'œuvre d'une seule personne, il faut profiter des compétences de tous les acteurs.

On touche ici à la capacité des milieux à travailler en équipe et à développer une culture de la collégialité. Vous trouverez dans la section *Références bibliographiques* des suggestions de lecture sur ces aspects. Nous avons aussi inclus au chapitre 3 une grille d'observation vous permettant de mieux saisir ce qui se passe à l'intérieur des groupes avec lesquels vous travaillez et ce qui peut être fait relativement à l'animation des groupes.

Enfin, une dernière condition doit, selon nous, être présente tout au long de la démarche. Elle concerne la capacité des participants à demeurer centrés sur les besoins des élèves. Il sera facile de mettre en évidence des difficultés de votre milieu et de glisser dans un registre où l'on cherche davantage des « responsables-coupables ». Il sera dès lors difficile de concilier les différents points de vue puisque les individus risquent de se retrouver sur un mode défensif. L'animation des discussions prend ici toute son importance. Il est essentiel de demeurer attentif à la manière dont les faits et les opinions sont formulés. La demande d'éclaircissement et la reformulation aideront les participants à nuancer leurs affirmations et à les revoir par rapport aux besoins des élèves. Par exemple, affirmer que le soutien parental est déficient sera choquant pour le groupe des parents. Exprimer ce que l'on observe en terme de besoins des élèves pourrait ressembler davantage à ceci : les élèves ont besoin de soutien parental adapté à leur réalité ou les élèves ont besoin que leurs parents soient mieux informés du soutien dont ils ont besoin ou, encore, les élèves ont besoin que leurs parents soient davantage accompagnés dans leur rôle de soutien à l'apprentissage… bref, il faut y mettre la forme tout en ne masquant pas la réalité. Il ne faut pas perdre de vue que vous souhaitez tous et chacun, dans ce grand projet qu'est la mission éducative de l'école, répondre aux besoins des élèves.

Conclusion

Faire le portrait de la situation signifie décrire l'environnement interne et externe de l'établissement au regard de la réussite de vos élèves. Le concept de réussite demeure flou et mérite que l'on s'y attarde avant d'entreprendre une analyse visant justement à décrire ce qui contribue ou ce qui nuit à la réussite.

L'analyse de la situation peut prendre différentes formes et s'intéresser à des aspects variés. En fait, chaque analyse sera une production originale puisque avant tout il faut questionner la pertinence de s'attarder sur un aspect plutôt que sur un autre et ce, avant même d'entreprendre une analyse rigoureuse des éléments observés.

Ces éléments sont soit des données issues des perceptions des individus, ces dernières sont alors teintées des visions et des enjeux portés par chacun, soit des données factuelles et mesurables. La richesse de votre analyse sera attribuable à la capacité de mettre en relation ces données. Celles-ci doivent évidemment faire l'objet d'une validation. De plus, certains aspects seront possiblement absents de votre première collecte. Non pas parce qu'ils ne présentent aucun intérêt, mais plus simplement parce qu'on aura oublié de regarder les faits sous cet angle. Les référentiels sont alors très utiles : ils servent de grille d'évaluation et peuvent relancer les activités dans de nouvelles directions. Le plan stratégique de la commission scolaire soulève aussi les enjeux et les défis sur un autre plan et peut être tout à fait significatif pour votre établissement.

Toute démarche qui s'étale dans le temps connaît des rebondissements imprévus. Le pilotage de cette activité exige donc un suivi approprié qui visera à rappeler ce qui a été entrepris ou à modifier ce qui a été prévu afin de s'adapter à une nouvelle réalité. Quelques conditions sont à garantir. Elles se résument ainsi : mobiliser les acteurs, s'assurer de leur réelle contribution et rester centré sur les besoins des élèves.

Enfin, il faut comprendre que l'établissement est une organisation en constante évolution et qu'en conséquence le portrait que l'on peut en faire n'est jamais tout à fait exact : aussitôt fait, aussitôt différent. Pour les besoins de la réalisation du projet éducatif et de son plan de réussite, on comprendra donc qu'il s'agit d'une description, certes figée dans le temps, mais suffisamment instructive pour permettre aux acteurs de définir leurs priorités et de s'engager dans une action collective. C'est ainsi que l'on favorisera le passage du devoir à l'engagement !

Chapitre 3
Les outils

*Le cheminement n'est jamais identique
pour deux personnes,
ni pour deux organisations.*

Sylvie Gendreau

Dans ce chapitre, nous vous présentons quelques outils d'accompagnement dans la réalisation de votre analyse de la situation.

Ces outils se répartissent en trois catégories :
- des outils pour favoriser la participation de tous les acteurs concernés lors de sessions de travail ;
- des outils pour suivre, étape par étape, votre démarche ;
- un modèle de fiche synthèse pour la publication et la diffusion des résultats de votre démarche.

Les outils proposés peuvent être utilisés tels qu'ils sont présentés ou être adaptés à vos besoins particuliers. Nous vous invitons donc à vous les approprier afin de mieux respecter votre situation.

Des outils d'animation

Voici quelques questions qui pourraient susciter un échange au sein des groupes que vous désirez mettre à contribution dans la définition de la réussite attendue de la part de vos élèves. Ces groupes pourraient être constitués de parents, de membres du conseil d'établissement, d'enseignants d'un même cycle, de professionnels, etc.

Cet exercice consiste à faire émerger des visions variées, dans un premier temps, pour ensuite proposer une définition riche et nuancée. Il est préférable d'adapter les consignes selon le groupe de participants. Les consignes apparaissant ci-après ont été rédigées pour des enseignants.

En ce qui concerne les équipes, elles peuvent être constituées par cycle, classes, matières, regroupements de parents, équipe multidisciplinaire… soyez imaginatif ! Prenez en considération le nombre de participants afin de permettre à chacun d'eux d'émettre son point de vue. On ne devrait pas dépasser sept participants par équipe. Si vous travaillez avec de grands groupes, répétez l'étape 2 en formant deux équipes, dans lesquelles les porte-parole agissent comme animateur, afin de dégager un nouveau consensus.

Pour une définition de la réussite

1. D'abord individuellement, par rapport à vos élèves que visez-vous au terme de l'année ?

Instruire	Socialiser	Qualifier
Sur le plan de l'instruction, que diriez-vous d'un élève qui a réussi ? (Précisez entre trois et cinq indices de cette réussite.)	Sur le plan de la socialisation, que diriez-vous d'un élève qui a réussi ? (Précisez entre trois et cinq indices de cette réussite.)	Sur le plan de la qualification, que diriez-vous d'un élève qui a réussi ? (Précisez entre trois et cinq indices de cette réussite.)

2. En équipe, prenez connaissance de ce qui a été énoncé par les participants. Dégagez par consensus de nouveaux indices qui traduisent le mieux possible la pensée des participants. Choisissez un porte-parole.

Instruire	Socialiser	Qualifier
Sur le plan de l'instruction, que diriez-vous d'un élève qui a réussi ? (Précisez entre trois et cinq indices de cette réussite.)	Sur le plan de la socialisation, que diriez-vous d'un élève qui a réussi ? (Précisez entre trois et cinq indices de cette réussite.)	Sur le plan de la qualification, que diriez-vous d'un élève qui a réussi ? (Précisez entre trois et cinq indices de cette réussite.)

3. Chaque équipe présente à l'ensemble du groupe le fruit de sa réflexion. À la lumière de ces présentations, les équipes sont invitées à reformuler, s'il y a lieu, les indices qu'elles avaient cités. Ce travail est remis au responsable de l'animation.

Structurer et regrouper les propositions

Un travail d'harmonisation doit être effectué à partir de l'ensemble des propositions. Ce travail vise à formuler non pas un seul énoncé, mais bien une série d'énoncés adaptés aux différentes clientèles. On s'assurera que le tout traduit une progression d'un cycle à un autre, des visions compatibles, c'est-à-dire qui ne comportent pas de contradictions (ce qui pourraient arriver entre les propositions de différents groupes). Ces propositions doivent aussi respecter les prescriptions de la commission scolaire et du ministère de l'Éducation, c'est-à-dire qu'elles n'engendrent pas une disqualification des élèves.

Le résultat de ce travail est présenté aux groupes ayant participé aux premières étapes afin d'être validé. En lien avec ce que nous avons présenté au chapitre 2, vous avez, au terme de cet exercice, clarifier la vision des acteurs du milieu sur la réussite attendue.

Comme deuxième outil, nous vous proposons un instrument d'analyse de l'environnement interne et externe de votre établissement.

Gestion de

Gestion administrative

Gestion

Finances

1. Cohérence des priorités budgétaires avec le projet éducatif de l'école.
2. Cohérence des priorités budgétaires avec les besoins pédagogiques.

Personnel

1. Pertinence des moyens pour réaliser la supervision pédagogique.
2. Cohérence des activités de perfectionnement avec les besoins, les intérêts du personnel et le projet éducatif de l'école (incluant les journées pédagogiques, colloques, etc.).
3. Efficacité des activités de mises à jour des connaissances du personnel relatives à l'apprentissage (théories de l'apprentissage, processus d'apprentissage, métacognition, régulation, enseignement stratégique, apprentissage coopératif, déterminants de la motivation scolaire).
4. Efficacité et impacts de la politique de perfectionnement du personnel (comité local de perfectionnement).
5. Efficacité et impacts de la répartition des tâches (résultats et moyens).

Équipement

1. Efficacité des locaux de classe (taille, possibilité de travail d'équipe et d'aires spécialisées, TIC).
2. Efficacité des moyens pour assurer l'entretien des locaux.
3. Efficacité des moyens pour assurer la santé et la sécurité.
4. Efficacité de l'utilisation des équipements TIC.
5. Efficacité de l'utilisation de l'équipement audiovisuel ou autres équipements spécialisés.

Organisation scolaire

1. Cohérence du temps d'enseignement avec les exigences du régime pédagogique.
2. Cohérence de l'horaire de l'élève et des conditions propices à l'apprentissage.
3. Cohérence des tâches avec les exigences du travail en équipe.
4. Pertinence des critères pour la formation des groupes d'élèves (en fonction de leurs caractéristiques, de leurs besoins).
5. Impacts de la formation des types de groupes.
6. Efficacité des procédures pour la gestion des absences et des retards des élèves.

Gestion

1. Cohérence entre le style de gestion et les actions favorisant l'engagement du personnel.
2. Pertinence des règles de fonctionnement des équipes-cycles.
3. Efficacité du temps de planification pour les équipes-cycles.
4. Efficacité des rencontres de gestion.
5. Efficacité du conseil d'établissement.
6. Efficacité des rencontres d'études de cas.
7. Efficacité et impact des procédures pour le remplacement (la suppléance).
8. Impacts de la mise en place de programmes spéciaux (sport-études, PEI, etc.)

SOCIALISER

Sentiment d'appartenance

1. Pertinence des moyens pour favoriser chez les élèves un sentiment d'appartenance à l'école, à la classe.
2. Pertinence des moyens pour favoriser chez le personnel un sentiment d'appartenance à l'école.
3. Pertinence des moyens pour favoriser chez les parents un sentiment d'appartenance à l'école.

Climat de l'école

1. Pertinence des moyens pour développer un climat d'apprentissage dans l'école (collaboration, complicité, etc.).
2. Pertinence des moyens pour favoriser la participation des élèves à la définition des règles de vie de l'école.
3. Pertinence des moyens pour favoriser des relations interpersonnelles harmonieuses : dans l'école, dans la classe, dans la cour, etc., entre les élèves et le personnel.
4. Efficacité des communications :
   enseignants/élèves ;
   élèves/élèves ;
   enseignants/direction ;
   enseignants/enseignants ;
   enseignants/parents ;
   équipe/conseil d'établissement.

Relations avec la communauté

1. Pertinence des moyens pour favoriser une relation de collaboration avec la communauté (milieux de stage, employeurs, cliniques médicales ou dentaires, municipalités, partenariat, etc.).

Vie étudiante

1. Pertinence des activités parascolaires avec les besoins et les intérêts des élèves et de leurs parents.
2. Pertinence des activités de vie étudiante : radio, conseil étudiant, etc.
3. Impacts des activités parascolaires avec les besoins et les intérêts des élèves et de leurs parents.
4. Impacts des activités de vie étudiante.

Encadrement

1. Efficacité des services de garde : le midi et après l'école, encadrement, occasion pour les élèves de se détendre, etc.
2. Efficacité des mesures d'encadrement en dehors des heures de cours (récréation, déplacements, etc.).
3. Cohérence de la politique d'encadrement avec les valeurs du projet éducatif.

QUALIFIER

Acquisition des compétences

1. Efficacité des moyens favorisant l'atteinte des objectifs dans chaque discipline (matière), par degré, par cycle.
2. Efficacité des moyens favorisant l'atteinte du degré d'acquisition des compétences disciplinaires et transversales prévues dans le cycle.

Diplomation

1. Efficacité des moyens favorisant l'obtention du diplôme d'études secondaires (DES).
2. Efficacité des moyens favorisant l'obtention du diplôme d'enseignement professionnel (DEP).
3. Efficacité des moyens favorisant l'obtention d'une attestation d'enseignement professionnel (AEP).
4. Efficacité des moyens favorisant l'obtention d'une attestation de spécialisation professionnelle (ASP).
5. Efficacité des moyens favorisant l'obtention d'un certificat de formation en ISPJ.

Cheminement scolaire

1. Efficacité des moyens mis en place pour soutenir les élèves dans un cheminement scolaire favorisant leur réussite au primaire.
2. Efficacité des moyens mis en place pour soutenir les élèves dans un cheminement scolaire favorisant leur réussite au secondaire.
3. Efficacité des moyens favorisant l'intégration des élèves aux études collégiales.
4. Efficacité des moyens favorisant l'intégration des finissants au marché du travail (formation professionnelle, métiers semi-spécialisés ou ISPJ).

Orientation scolaire

1. Pertinence des moyens pour faire de l'école une école orientante.
2. Pertinence des activités et des moyens pour favoriser la réflexion entourant l'orientation scolaire.

Le goût d'apprendre toute sa vie

1. Cohérence des activités faites en classe ou à l'école et le développement du goût à apprendre toute sa vie chez les élèves.
2. Cohérence des activités faites en classe ou à l'école favorisant le développement de la motivation scolaire.

É V A L U A T I O N

l'établissement d'enseignement

pédagogique

INSTRUIRE

Apprentissage/enseignement/évaluation
1. Cohérence des activités d'apprentissage avec les orientations du programme (situations d'apprentissage globales et complexes ; connaissances antérieures ; organisation des connaissances, travail de coopération, etc.).
2. Pertinence des activités d'apprentissage proposées aux élèves.
3 Pertinence des devoirs à la maison pour soutenir l'apprentissage.
4. Cohérence des sorties éducatives avec les apprentissages prévus.
5. Cohérence entre les activités faites en classe et le développement d'un climat de classe favorisant l'apprentissage (collaboration, coopération, respect des autres, etc.).
6. Cohérence des activités d'évaluation avec les orientations du programme et diversité des outils : entrevue, observation, autoévaluation, analyse des erreurs, utilisation du portfolio, évaluation intégrée à l'apprentissage, etc.
7 Cohérence des activités d'évaluation avec les objets et les activités d'apprentissage faites en classe.
8. Cohérence des pratiques d'évaluation avec les normes et modalités d'évaluation de l'école
9. Pertinence des moyens pour faire participer l'élève à l'évaluation de son apprentissage.
10. Cohérence du bulletin avec les pratiques d'enseignement faites en classe et les orientations ministérielles (progression et développement des compétences au cours du cycle et bilan à la fin du cycle).
11. Pertinence des règles de passage d'un cycle à un autre (au primaire).
12. Cohérence de la planification pédagogique avec le programme de formation et les besoins des élèves.
13. Efficacité des moyens utilisés pour réaliser la planification pédagogique en équipe (cycle, …).

Participation active de l'élève à son apprentissage
1. Pertinence des moyens permettant à l'élève de vivre des réussites dans ses apprentissages.
2. Pertinence des moyens utilisés pour permettre à l'élève de réfléchir sur sa façon d'apprendre (métacognition).
3. Pertinence des moyens et activités pour permettre à l'élève de participer activement à son apprentissage.
4. Pertinence des moyens utilisés pour responsabiliser l'élève dans son apprentissage.
5. Pertinence des moyens utilisés pour favoriser le développement de l'estime de soi.

TIC
1. Efficacité des moyens pour exploiter les TIC dans les activités d'apprentissage.
2. Cohérence des moyens pour exploiter les TIC avec les exigences du Programme de formation.

Collaboration des parents à l'apprentissage de leur enfant
1. Pertinence de l'information communiquée aux parents concernant l'apprentissage (planification, suivi, interventions à la maison, développement des compétences, attentes prévues en fin de cycle, etc.).
2. Pertinence des activités sollicitant la collaboration des parents.

Programme de formation
1. Efficacité des activités de formation permettant au personnel de se donner une vision intégrée et systémique du programme de formation.
2. Efficacité des activités de formation permettant au personnel de comprendre les fondements théoriques du Programme de formation.

Ressources didactiques
1. Cohérence des ressources didactiques et du matériel périssable avec le Programme de formation.
2. Cohérence des coûts pour les parents pour l'achat du matériel scolaire avec les caractéristiques du milieu socio-économique.
3. Pertinence des ressources disponibles à la bibliothèque (variété, accessibilité, quantité, mise à jour, etc.).

Mesures d'aide
1. Pertinence des mesures de soutien et d'aide à l'apprentissage avec les besoins de la clientèle (orthopédagogie, éducation spécialisée, psychologie, orthophonie, travail social, etc.).
2. Efficacité des mesures d'aide à l'apprentissage (orthopédagogie, éducation spécialisée, psychologie, orthophonie, travail social, etc.).
3. Impacts des mesures de soutien et d'aide à l'apprentissage sur les besoins de la clientèle (orthopédagogie, éducation spécialisée, psychologie, orthophonie, travail social, etc.).
4. Pertinence des plans d'intervention.
5. Efficacité des activités d'aide aux devoirs.

INSTITUTIONNELLE

Source : Joanne Munn (Société GRICS), André Godin et Nicole Tardif (Université de Sherbrooke), Colloque de l'AQPDE, Juin 2001.

Instrument d'analyse de l'environnement de l'établissement scolaire

Analyse de l'environnement de l'établissement scolaire

ENVIRONNEMENT INTERNE	ENVIRONNEMENT EXTERNE
▶ **Ressources humaines** • Direction • Personnel enseignant • Professionnels (P.N.E.), personnel de soutien ▶ **Structures de participation** • Comité de gestion ou comité de direction • Conseil d'établissement (C.E.) • Organismes de participation des parents (O.P.P.) • Organismes de participation des enseignants • Comité des élèves ou conseil étudiant ▶ **Politiques et plans** • Politiques éducatives • Plan de réussite • Plan des TIC • Plan… ▶ **Organisation scolaire et physique** • Organisation scolaire et aménagement du temps • Organisation physique	▶ **Communauté** ▶ **Parents** ▶ **Commission scolaire** ▶ **Partenaires**

Afin de cerner plus en profondeur un élément de faiblesse relatif à une ou plusieurs dimensions de l'environnement interne ou externe, vous trouverez dans les pages suivantes une fiche de travail permettant une analyse réflexive.

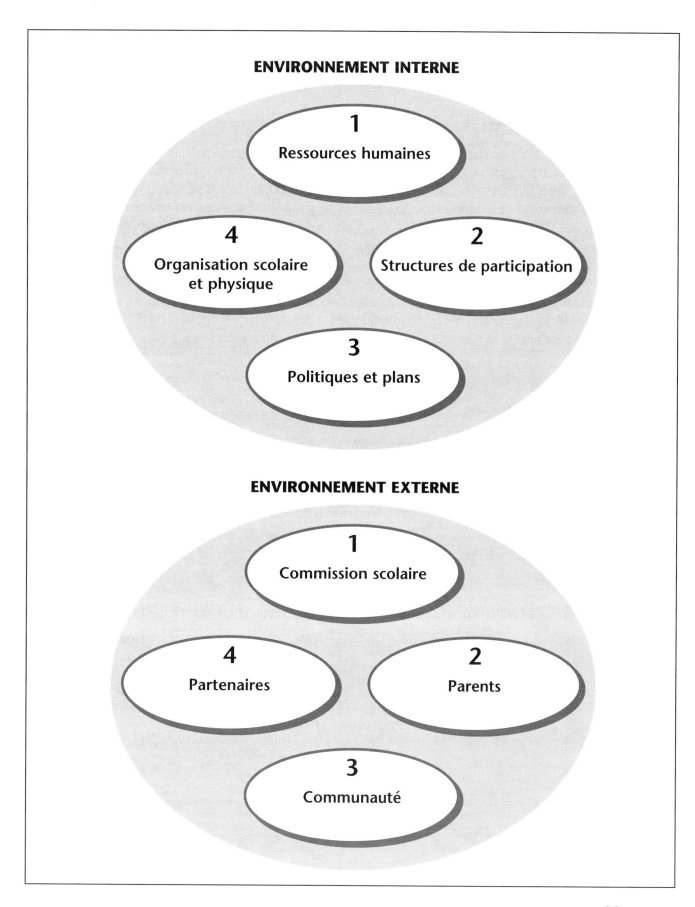

ENVIRONNEMENT INTERNE

L'environnement interne constitue l'ensemble des dimensions qui permettent d'agir sur la réussite de l'école. L'environnement interne de l'école prend appui sur l'engagement des ressources humaines (direction et membres du personnels qui l'animent) sur des structures de participation qui favorisent leur mobilisation, sur des politiques et des plans qui orientent l'action, de même que sur une organisation scolaire et physique qui est au service du développement harmonieux des apprentissages.

Ces quatre dimensions qu'on peut également associer à des ressources totalement appropriées, peu appropriées ou non appropriées contribuent à créer dans la gestion de l'établissement soit une situation d'excellence, soit une situation de vulnérabilité, de tension ou de crise.

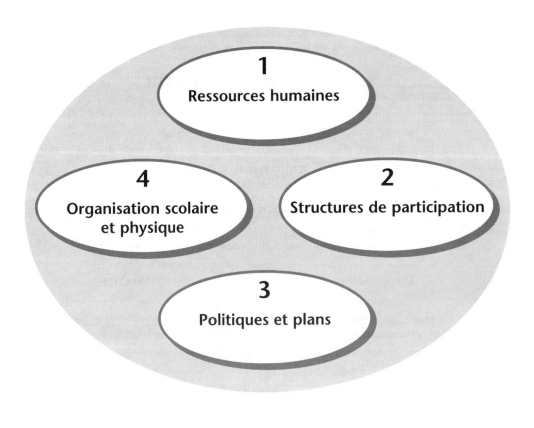

1. RESSOURCES HUMAINES

Direction

Quelles sont les forces liées aux fonctions et pouvoirs de la direction par rapport à la mission éducative et au projet éducatif ? (art. 96.12 et 96.13)

_____
_____
_____

Quels sont les points à consolider ?

_____
_____
_____

Quels sont les points à améliorer ?

_____
_____
_____

Quelles sont les faiblesses ?

_____
_____
_____

Personnel enseignant

Quelles sont les forces du personnel enseignant en lien avec leurs responsabilités décrites à l'article 22 ?

_____
_____
_____

Quels sont les points à consolider ?

_____
_____
_____

Quels sont les points à améliorer ?

_____
_____
_____

Quelles sont les faiblesses ?

_____
_____
_____

Autres membres du personnel

Quelle est la contribution (force) des autres membres du personnel de l'école au projet éducatif de l'école ?

_____
_____
_____

Quels sont les points à consolider ?

_____
_____
_____

Quels sont les points à améliorer ?

_____
_____
_____

Quelles sont les faiblesses ?

_____
_____

2. STRUCTURES DE PARTICIPATION

1 Comité de gestion ou comité de direction

2 Conseil d'établissement

5 Comité des élèves ou conseil étudiant

3 Organisme de participation des parents

4 Organisme de participation des enseignants

Comité de gestion ou comité de direction

Y a-t-il un comité de direction ou comité de gestion dans votre établissement ?
Si non : pourquoi ?

_____

_____

_____

Si oui,
Quelles sont les réalisations (forces) du comité de direction ou du comité de gestion ?

_____

_____

_____

Quels sont les points à consolider ?

_____

_____

_____

Quels sont les points à améliorer ?

_____

_____

_____

Quelles sont les faiblesses du comité de direction ou du comité de gestion ?

_____

_____

_____

Conseil d'établissement

Quelles sont les réalisations (forces) du conseil d'établissement ?

_____

_____

_____

Quels sont les points à consolider ?

_____

_____

_____

Quels sont les points à améliorer ?

_____

_____

_____

Quelles sont les faiblesses du conseil d'établissement ?

_____

_____

_____

Organisme de participation des parents

Y a-t-il un organisme de participation des parents dans votre établissement ?
Si non : pourquoi ?

_____

_____

_____

Si oui,

Quelle est la contribution de l'organisme de participation des parents à la vie de l'école ?

_____

_____

_____

Quels sont les points à consolider ?

_____

_____

_____

Quels sont les points à améliorer ?

_____

_____

_____

Quelles sont les faiblesses de l'organisme de participation des parents ?

_____

_____

_____

Organisme de participation des enseignants

Y a-t-il un organisme de participation des enseignants dans votre établissement ?
Si non : pourquoi ?

_____

_____

_____

Si oui,

Quelles sont les réalisations (forces) de l'organisme de participation des enseignants ?

_____

_____

_____

Quels sont les points à consolider ?

_____

_____

_____

Quels sont les points à améliorer ?

_____

_____

_____

Quelles sont les faiblesses de l'organisme de participation des enseignants ?

_____

_____

_____

Comité des élèves ou conseil étudiant

Y a-t-il un comité des élèves ou un conseil étudiant dans votre école ?
Si non : pourquoi ?

_____

_____

_____

Si oui,
Quelles sont les réalisations (forces) du comité des élèves ou du conseil étudiant ?

_____

_____

_____

Quels sont les points à consolider ?

_____

_____

_____

Quels sont les points à améliorer ?

_____

_____

_____

Quelles sont les faiblesses du comité des élèves ou du conseil étudiant ?

_____

_____

_____

3. POLITIQUES ÉDUCATIVES ET PLANS

Politiques éducatives nationales

Quelles sont les politiques nationales en vigueur dans votre établissement ?

_____
_____
_____

Quels sont les impacts de ces politiques dans l'établissement ?

_____
_____
_____

Quels sont les points à consolider ?

_____
_____
_____

Quelles sont les faiblesses dans leur application ?

_____
_____
_____

Politiques éducatives locales

Quelles sont les politiques locales en vigueur dans votre établissement ?

_____
_____
_____

Quels sont les impacts de ces politiques dans l'établissement ?

_____
_____
_____

Quels sont les points à consolider ?

_____
_____
_____

Quels sont les points à améliorer ?

_____

_____

_____

Quelles sont les faiblesses dans leur application ?

_____

_____

_____

Plan de réussite

Y a-t-il un plan de réussite ? Si non : pourquoi ?

_____

_____

_____

Si oui,
Quelles sont les forces du plan de réussite de l'établissement ?

_____

_____

_____

Quels sont les points à consolider ?

_____

_____

_____

Quels sont les points à améliorer ?

_____

_____

_____

Quelles sont les faiblesses du plan de réussite ?

_____

_____

_____

Plan des TIC

Y a-t-il un plan des TIC dans votre établissement ?

_____

_____

_____

Y a-t-il eu un plan des TIC dans votre établissement ? Si non, Pourquoi ?

_____

_____

_____

Si oui, quelle est la plus-value de ce plan ?

_____

_____

_____

Quels sont les points à consolider ?

_____

_____

_____

Quels sont les points à améliorer ?

_____

_____

_____

Quelles sont les faiblesses ?

_____

_____

_____

4. ORGANISATION SCOLAIRE ET PHYSIQUE

1

Organisation scolaire
et aménagement
du temps

2

Organisation
physique

Organisation scolaire

L'organisation scolaire (force) favorise-t-elle la réalisation du projet éducatif ?

Aménagement du temps

L'aménagement du temps favorise-t-il la réussite des élèves ?

_____

_____

_____

_____

_____

_____

Organisation physique

Nonobstant les contraintes physiques, l'aménagement favorise-t-il la réalisation du projet éducatif ?

_____

_____

_____

_____

_____

_____

L'élève se sent-il accueilli, a-t-il accès à des lieux favorisant la réflexion ?

_____

_____

_____

_____

_____

_____

ENVIRONNEMENT EXTERNE

L'environnement externe constitue l'ensemble des ressources qui permettent de soutenir la réussite de l'école. L'établissement peut compter sur les différents services de la commission scolaire de même que sur la collaboration des parents, de la communauté et des partenaires pour remplir pleinement sa mission éducative.

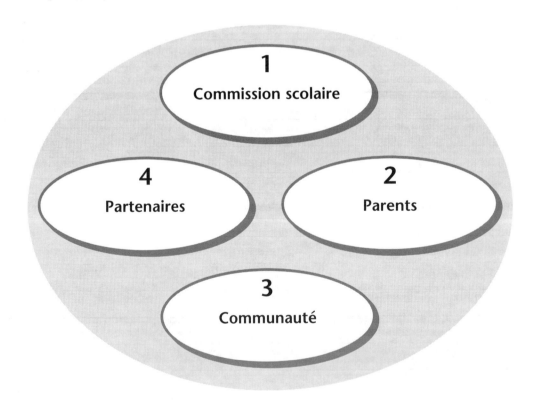

1. COMMISSION SCOLAIRE

Qualité de la relation avec la commission scolaire :

- services pédagogiques
- services financiers
- ressources informatiques
- ressources humaines
- éducation des adultes et formation professionnelle

Quelles sont les forces ?

_____

_____

_____

_____

Quels sont les points à consolider ?

_____

_____

_____

_____

Quels sont les points à améliorer ?

_____

_____

_____

_____

Quelles sont les faiblesses ?

_____

_____

_____

_____

2. PARENTS

Qualité de la relation avec les parents :

- participation aux activités
- mécanismes de participation

Quelles sont les forces ?

_____

_____

_____

_____

Quels sont les points à consolider ?

_____

_____

_____

_____

Quels sont les points à améliorer ?

_____

_____

_____

_____

Quelles sont les faiblesses ?

_____

_____

_____

_____

3. COMMUNAUTÉ

Qualité de la relation avec la communauté :

- projets communs
- participation du milieu

Quelles sont les forces ?

_____

_____

_____

_____

_____

_____

Quels sont les points à consolider ?

_____

_____

_____

_____

_____

_____

Quels sont les points à améliorer ?

_____

_____

_____

_____

_____

Quelles sont les faiblesses ?

_____

_____

_____

_____

_____

4. PARTENAIRES

Qualité de la relation avec les partenaires :

- projets
- organismes privés

Quelles sont les forces ?

_____

_____

_____

_____

Quels sont les points à consolider ?

_____

_____

_____

_____

Quels sont les points à améliorer ?

_____

_____

_____

_____

Quelles sont les faiblesses ?

_____

_____

_____

_____

ANALYSE DES FAIBLESSES

Faiblesse

Pour chaque faiblesse, poser les questions suivantes :

Comment est-elle arrivée ?

_____
_____
_____
_____

Quand est-elle arrivée ?

_____
_____
_____
_____

Pourquoi est-elle apparue ?

_____
_____
_____
_____

À la suite de l'analyse de la faiblesse, quels sont les scénarios à envisager pour la neutraliser ou la diminuer ou encore en amoindrir les effets négatifs ?

_____
_____
_____
_____
_____
_____
_____
_____
_____
_____

Analyse des facteurs de risque

L'outil d'animation, présenté aux pages 103 à 109, a été élaboré dans le cadre de la Stratégie d'intervention *Agir autrement* pour la réussite des élèves du secondaire en milieu défavorisé.

Il vise principalement :
- à faire connaître aux différents acteurs certains facteurs de risque que l'on trouve en milieu défavorisé ;
- à susciter la réflexion sur la présence de ces facteurs de risque dans le milieu scolaire et le niveau d'impact que les acteurs ont, individuellement ou collectivement, sur ceux-ci.

C'est à partir d'un ensemble de recherches et de documents ministériels que cette liste de facteurs de risque a été dressée. Elle n'est pas exhaustive et ne présume aucunement de la nature des interventions souhaitées en milieu défavorisé.

STRATÉGIE D'INTERVENTION *AGIR AUTREMENT* POUR LA RÉUSSITE DES ÉLÈVES EN MILIEU DÉFAVORISÉ

« En milieu défavorisé, les facteurs qui rendent les jeunes vulnérables et qui sont susceptibles de les mener à l'échec et au décrochage sont présents en plus grand nombre à la fois et leurs effets sont conjugués. » MEQ

1) Facteurs de risque liés à la vie scolaire de l'élève	Niveau de présence de ce facteur de risque dans mon milieu			Niveau d'impact sur ce facteur de risque									Commentaires
				Comme individu			Comme équipe-école			Comme communauté éducative			
	Faible	Moyen	Élevé	Faible	Moyen	Élevé	Faible	Moyen	Élevé	Faible	Moyen	Élevé	
• Expérience scolaire peu satisfaisante													
• Retards et échecs scolaires répétés													
• Compétences peu développées dans divers domaines (ex. : lecture, écriture et langage)													
• Motivation : peu de valeur accordée à l'école et aux apprentissages et sentiment de compétence affaibli													
• Faible investissement dans les activités scolaires et parascolaires													
• Aspirations scolaires peu élevées													
• Habiletés sociales peu développées ou comportements difficiles													
• Absentéisme													
• Autres vulnérabilités : a) difficultés d'apprentissage et de langage													
b) trouble de l'attention et de l'hyperactivité													
• Autres :													

Source : Suzanne Desjardins. Direction régionale de Laval, des Laurentides et de Lanaudière. Ministère de l'Éducation. © Gouvernement du Québec, 2003

2) Facteurs de risque liés à la vie personnelle et interpersonnelle de l'élève

Facteurs de risque	Niveau de présence de ce facteur de risque dans mon milieu			Niveau d'impact sur ce facteur de risque									Commentaires
				Comme individu			Comme équipe-école			Comme communauté éducative			
	Faible	Moyen	Élevé	Faible	Moyen	Élevé	Faible	Moyen	Élevé	Faible	Moyen	Élevé	
• Santé et habitudes de vie :													
a) usage de tabac, d'alcool ou de psychotropes													
b) dépression, stress, propension à somatiser													
c) Grossesse précoce													
• Relations conflictuelles :													
a) avec les pairs													
b) avec les adultes													
• Isolement social ou rejet par les pairs													
• Association à des pairs déviants													
• Comportement difficile ou déviant													
• Élèves nouvellement arrivés au pays, dans la ville, le village ou la communauté													
• Élèves d'autres communautés ethniques au début de l'apprentissage de la langue d'enseignement													
• Autres :													

Source: Suzanne Desjardins. Direction régionale de Laval, des Laurentides et de Lanaudière. Ministère de l'Éducation. © Gouvernement du Québec, 2003

3) Facteurs de risque liés à la famille

Facteurs de risque liés à la famille	Niveau de présence de ce facteur de risque dans mon milieu			Niveau d'impact sur ce facteur de risque									Commentaires
				Comme individu			Comme équipe-école			Comme communauté éducative			
	Faible	Moyen	Élevé	Faible	Moyen	Élevé	Faible	Moyen	Élevé	Faible	Moyen	Élevé	
• Faible scolarité des parents (particulièrement de la mère)													
• Pratiques parentales lacunaires :													
a) stimulation, supervision ou suivi peu présents ou peu appropriés													
b) peu de chaleur dans les rapports parents-enfants													
c) peu d'implication dans le suivi personnel et scolaire de l'enfant													
• Attitudes parentales défavorables envers l'école :													
a) expérience scolaire aversive pour les parents													
b) peu de valeur accordée à l'école ou à la scolarisation par les parents													
c) réaction dévalorisante des parents aux échecs scolaires des enfants													
d) méfiance à l'endroit des institutions publiques (dont l'école)													
• Instabilité de la cellule familiale													
• Élèves d'autres communautés ethniques au début de l'apprentissage de la langue d'enseignement													
• Autres :													

4) Facteurs de risque d'ordre social et économique

Facteurs de risque d'ordre social et économique	Niveau de présence de ce facteur de risque dans mon milieu			Niveau d'impact sur ce facteur de risque									Commentaires
				Comme individu			Comme équipe-école			Comme communauté éducative			
	Faible	Moyen	Élevé	Faible	Moyen	Élevé	Faible	Moyen	Élevé	Faible	Moyen	Élevé	
• Faible revenu des parents ou situation de dépendance économique													
• Travail à temps partiel chez les jeunes (plus de 14 h/sem.)													
• Logement inadéquat													
• Alimentation insuffisante													
• Maladie													
• Déménagements fréquents													
• Isolement social													
• Méconnaissance des services du quartier													
• Peu de services et de soutien pour les jeunes et la famille dans la communauté													
• Peu de loisirs supervisés dans la communauté													
• Présence de groupes criminalisés dans la communauté													
• Autres :													

Source : Suzanne Desjardins. Direction régionale de Laval, des Laurentides et de Lanaudière. Ministère de l'Éducation. © Gouvernement du Québec, 2003

5) Facteurs liés à l'école

Facteurs liés à l'école	Niveau de présence de ce facteur de risque dans mon milieu			Niveau d'impact sur ce facteur de risque									Commentaires
				Comme individu			Comme équipe-école			Comme communauté éducative			
	Faible	Moyen	Élevé	Faible	Moyen	Élevé	Faible	Moyen	Élevé	Faible	Moyen	Élevé	
• Services relatifs à l'organisation scolaire peu adaptés :													
a) aménagement du temps et horaire de l'école													
b) taille de l'école													
c) ressources et services complémentaires en soutien aux élèves													
d) activités scolaires et parascolaires													
e) encadrement et supervision des élèves													
f) diversité des cheminements éducatifs													
g) autres :													
• Climat problématique sur les plans relationnel, éducatif, de la sécurité ou de l'appartenance													

Source : Suzanne Desjardins. Direction régionale de Laval, des Laurentides et de Lanaudière. Ministère de l'Éducation. © Gouvernement du Québec, 2003

5) Facteurs liés à l'école

Facteurs liés à l'école	Niveau de présence de ce facteur de risque dans mon milieu			Niveau d'impact sur ce facteur de risque									Commentaires
				Comme individu			Comme équipe-école			Comme communauté éducative			
	Faible	Moyen	Élevé	Faible	Moyen	Élevé	Faible	Moyen	Élevé	Faible	Moyen	Élevé	
• Pratiques éducatives peu adaptées pour : a) la gestion des apprentissages (stimulation, soutien, sens, supervision)													
b) la gestion des comportements													
c) un système d'encadrement et de suivi													
d) un système de reconnaissance													
e) des attitudes qui valorisent la réussite éducative													
f) autres :													
• Activités de formation continue peu adaptées ou peu disponibles													
• Grande mobilité du personnel													
• Manque de mécanismes d'accompagnement appropriés pour le personnel débutant ou le nouveau personnel													

Source : Suzanne Desjardins. Direction régionale de Laval, des Laurentides et de Lanaudière. Ministère de l'Éducation. © Gouvernement du Québec, 2003

5) Facteurs liés à l'école	Niveau de présence de ce facteur de risque dans mon milieu			Niveau d'impact sur ce facteur de risque									Commentaires
				Comme individu			Comme équipe-école			Comme communauté éducative			
	Faible	Moyen	Élevé	Faible	Moyen	Élevé	Faible	Moyen	Élevé	Faible	Moyen	Élevé	
• Peu de collaboration : a) entre les intervenants de l'école													
b) entre l'école et les familles													
c) entre l'école et la communauté													
• Méconnaissance du milieu													
• Croyance faible du personnel dans la capacité de réussir des élèves													
• Leadership et gestion du changement peu développés													
• Faible participation du personnel à la vie de l'école													
• Faible motivation et satisfaction professionnelle du personnel													
• Autres :													

Source : Suzanne Desjardins. Direction régionale de Laval, des Laurentides et de Lanaudière. Ministère de l'Éducation. © Gouvernement du Québec, 2003

Des outils de suivi

Pour assurer un suivi de l'analyse de la situation, étape par étape, voici deux grilles d'observation. La première grille d'observation (voir p. 111) s'intéresse particulièrement aux éléments pris en considération lors de votre analyse de la situation ainsi qu'à la démarche que vous avez menée.

La deuxième grille d'observation (voir p. 114-115), quant à elle, traite de l'engagement des différentes équipes mises à contribution lors de cette phase.

Autoévaluation de l'analyse de la situation[18]

1. Les éléments déclencheurs	Oui	Non	À faire/remarques
1.1 A-t-on fait l'inventaire des problématiques, des événements, des données accessibles ou des demandes externes susceptibles de déclencher la démarche d'analyse de la situation ?			
1.2 Pour chaque problématique soulevée a-t-on :			
1.2.1 recueilli les données à sa disposition de manière à avoir un portrait juste de la situation ;			
1.2.2 analysé les données en lien avec les ressources éducatives ? Notamment les besoins des élèves ;			
1.2.3 analysé les données en lien avec les pratiques éducatives ;			
1.2.4 analysé les données en lien avec les résultats obtenus ;			
1.2.5 déterminé quelles données sont requises pour terminer l'analyse de la situation ;			
1.2.6 examiné des hypothèses, des facteurs pouvant expliquer la situation ou pour la comprendre ;			
1.2.7 déterminé les éléments positifs liés à cette problématique ou à sa résolution ;			
1.2.8 mis en évidence les pratiques positives déjà en cours ;			

---

[18] Adaptation d'un document de Joanne Munn, Société GRICS (2002).

2. Les priorités	Oui	Non	À faire/remarques
2.1 A-t-on mis en évidence les forces, les faiblesses, les pratiques gagnantes de manière à établir des priorités ?			
2.2 A-t-on tenu compte des contraintes du milieu pour établir des priorités ?			
2.3 A-t-on établi des priorités à court terme ? À long terme ?			
2.4 Les priorités sont-elles établies en fonction des liens de la vie pédagogique, étudiante, administrative et communautaire ?			
2.5 A-t-on examiné les priorités en tenant compte des besoins des élèves, notamment pour les clientèles à risque ?			
2.6 Y a-t-il des données complémentaires à obtenir ?			
2.7 A-t-on choisi des objets d'intervention ?			
2.8 A-t-on établi un lien entre les objets d'évaluation/d'intervention et un modèle de référence ?			

3. Les données externes à l'établissement : les indicateurs ministériels	Oui	Non	À faire/remarques
3.1 A-t-on analysé les données fournies par le Ministère de manière à déterminer :			
3.1.1 dans quelle mesure les résultats de l'établissement sont comparables à un milieu socio-économiquement semblable ou s'écartent des résultats provinciaux ;			
3.1.2 si des tendances se dégagent (Les résultats dans une discipline, les résultats pour un groupe d'élèves, etc.) ;			
3.1.3 si les données présentent des contradictions ou des particularités surprenantes ;			
3.1.4 si les résultats sont comparables d'une année à une autre, s'il y a une tendance au fil des ans ;			
3.1.5 dans quelle mesure des particularités ou des tendances s'observent pour les élèves à risque.			

4. Les indicateurs de l'établissement	Oui	Non	À faire/remarques
4.1　A-t-on analysé les données provenant d'indicateurs retenus par l'établissement de manière à déterminer :			
4.1.1　si des tendances se dégagent (les résultats pour un groupe d'élèves, etc.) ;			
4.1.2　si les données présentent des contradictions ou des particularités surprenantes ;			
4.1.3　si les résultats sont comparables d'une année à une autre, s'il y a une tendance au fil des ans ;			
4.1.4　dans quelle mesure des particularités ou des tendances s'observent pour les élèves à risque.			

5. Observation de la démarche	État actuel	État souhaité	Remarques
5.1　Les personnes concernées participent à l'analyse de la situation.	1 2 3 4 5 6 7 8 9 10	1 2 3 4 5 6 7 8 9 10	
5.2　Les priorités sont établies à la suite d'un consensus.	1 2 3 4 5 6 7 8 9 10	1 2 3 4 5 6 7 8 9 10	
5.3　Des moyens sont mis en œuvre pour surmonter les difficultés rencontrées lors de l'analyse des données.	1 2 3 4 5 6 7 8 9 10	1 2 3 4 5 6 7 8 9 10	
5.4　Les réactions face aux résultats ou à la démarche (les résistances, les inquiétudes, les besoins) sont exprimées, discutées et débattues.	1 2 3 4 5 6 7 8 9 10	1 2 3 4 5 6 7 8 9 10	
5.5　Des ressources sont prévues pour développer l'expertise des personnes qui participent à l'analyse de la situation.	1 2 3 4 5 6 7 8 9 10	1 2 3 4 5 6 7 8 9 10	
5.6　Des moyens pour communiquer les conclusions de l'analyse de la situation sont prévus.	1 2 3 4 5 6 7 8 9 10	1 2 3 4 5 6 7 8 9 10	

Légende : 1 = très peu satisfaisant 10 = très satisfaisant

113

Grille d'observation de la participation des acteurs[19]

Identification du groupe concerné : _____ Date _____

Éléments d'observation	État actuel	État souhaité	Remarques
1. Les personnes concernées par la démarche du plan de réussite :	1 2 3 4 5 6 7 8 9 10	1 2 3 4 5 6 7 8 9 10	
1.1. possèdent une bonne compréhension des éléments de contexte : politique, historique, social, économique qui expliquent la nécessité du plan de réussite ;	1 2 3 4 5 6 7 8 9 10	1 2 3 4 5 6 7 8 9 10	
1.2. ont une conception explicite du plan de réussite ;	1 2 3 4 5 6 7 8 9 10	1 2 3 4 5 6 7 8 9 10	
1.3. partagent un but commun : la réussite des élèves et l'amélioration continue ;	1 2 3 4 5 6 7 8 9 10	1 2 3 4 5 6 7 8 9 10	
1.4. sont sensibles aux enjeux, aux limites et aux défis liés au plan de réussite ;	1 2 3 4 5 6 7 8 9 10	1 2 3 4 5 6 7 8 9 10	
1.5. se sont donné une définition et des valeurs de référence communes ;	1 2 3 4 5 6 7 8 9 10	1 2 3 4 5 6 7 8 9 10	
1.6. connaissent la démarche d'élaboration du plan de réussite ;	1 2 3 4 5 6 7 8 9 10	1 2 3 4 5 6 7 8 9 10	
1.7 savent comment s'y prendre pour réaliser le plan de réussite ;	1 2 3 4 5 6 7 8 9 10	1 2 3 4 5 6 7 8 9 10	
1.8. se sentent aptes à assumer les rôles et les responsabilités qui leur seront confiés ;	1 2 3 4 5 6 7 8 9 10	1 2 3 4 5 6 7 8 9 10	
1.9. sont capables de situer ce qui se fait déjà dans leur milieu par rapport à ce qui est attendu ;	1 2 3 4 5 6 7 8 9 10	1 2 3 4 5 6 7 8 9 10	
1.10. ont une vue d'ensemble des rôles et des responsabilités des différentes instances concernées par l'élaboration du plan de réussite : le ministère, la commission scolaire, l'établissement, les parents, les enseignants.	1 2 3 4 5 6 7 8 9 10	1 2 3 4 5 6 7 8 9 10	
2. Les pratiques positives ou profitables déjà en cours dans le milieu sont connues, partagées, valorisées.	1 2 3 4 5 6 7 8 9 10	1 2 3 4 5 6 7 8 9 10	
3. Les personnes concernées sont informées de manière à maintenir leur engagement.	1 2 3 4 5 6 7 8 9 10	1 2 3 4 5 6 7 8 9 10	

Légende : 1 = très peu satisfaisant   10 = très satisfaisant

---
[19] *Ibid.*

Grille d'observation de l'animation[20]

Identification du groupe concerné :_____ Date _____

Éléments d'observation	Remarques
1. Des actions sont-elles réalisées ou prévues pour amener les personnes concernées par le plan de réussite à :	
1.1. donner du sens à la démarche d'élaboration du plan de réussite ;	
1.2. comprendre le contexte social, politique, économique, historique qui justifie la réalisation du plan de réussite ;	
1.3. discuter des enjeux, des limites et des défis liés à la réalisation du plan de réussite ;	
1.4. exprimer et débattre de leurs inquiétudes, leurs résistances ;	
1.5. comprendre la démarche d'élaboration du plan de réussite ;	
1.6. développer leur expertise ;	
1.7. déterminer les actions positives ou profitables qu'ils réalisent déjà et qui fonctionnent bien ;	
1.8. situer le rôle des diverses instances dans la démarche d'évaluation du plan de réussite ;	
1.9. se donner un but commun : l'amélioration continue des établissements, l'accompagnement et la réussite des élèves ;	
2. Les ressources (dans le milieu et à l'extérieur du milieu) auxquelles il est possible de faire appel au besoin sont-elles précisées ?	
3. A-t-on prévu, s'il y a lieu, la mise sur pied d'un comité de travail, défini ses mandats et sa composition ?	
4. A-t-on prévu qui assumera le leadership de la démarche ?	

[20] *Ibid.*

Un outil de communication

Au chapitre 2, nous avons consacré une section au contenu du rapport de l'analyse de la situation. Les fiches présentées aux pages 117 et 118 permettent d'effectuer une synthèse qui rassemble les éléments essentiels retenus lors de l'analyse de la situation. Ces éléments sont mis en relation avec les axes, les thèmes et les sous-thèmes du cadre de référence proposé par le ministère de l'Éducation.

Vous pouvez cocher ce qui est ressorti comme besoins (B) après avoir réalisé votre analyse de la situation et, par la suite, classer ces besoins par priorité (P). Ces fiches ne remplacent pas votre rapport, elles sont complémentaires.

Analyse de la situation (synthèse)

Axes	Thèmes	Sous-thèmes	B*	P*
La connaissance du milieu	Les caractéristiques des élèves	Nombre d'élèves (effectif étudiant)		
		Parcours scolaire		
		Mobilité des élèves		
		Habitudes de vie des élèves		
		Langues des élèves		
		Expérience ou qualification avant l'inscription et acquis extrascolaires		
	Les caractéristiques du personnel de l'établissement	Description du personnel		
		Stabilité du personnel		
	Les caractéristiques de la famille et de la communauté	La famille		
		La communauté		
La qualité de vie, les orientations et l'organisation de l'établissement	Qualité de vie dans l'établissement et sur son terrain	Le climat de l'établissement		
		Santé et sécurité		
	Les orientations et les actions générales de l'établissement	L'organisation de l'établissement		
		Les projets et programmes spéciaux		
		La mobilisation autour des orientations de l'établissement		
	Le développement des ressources enseignantes	La formation continue des enseignants		
		Le suivi et l'accompagnement des enseignants		
	Les ressources matérielles et financières	Finances		
		Équipement informatique		
Les pratiques éducatives	Les interventions pédagogiques	La situation d'enseignement/apprentissage		
		L'évaluation des apprentissages		
		Planification et concertation des enseignants		
		Utilisation des NTIC		
	L'encadrement autre que l'enseignement	Les règles de conduite des élèves		
		La gestion de classe		
		Les activités hors horaire et parascolaires		
		L'accueil et l'accompagnement général des élèves		
	Le soutien en appui au parcours scolaire	Le suivi pour l'ensemble des élèves		
		Le suivi pour les élèves en difficulté d'apprentissage ou de comportement		
	La collaboration avec les parents	La communication avec les parents		
		La participation des parents		
La réussite des élèves	La réussite sur le plan de l'instruction	La maîtrise des compétences pour l'élève		
		L'entrée aux études supérieures		
	La réussite sur le plan de la socialisation	L'ntégration des EHDAA		
		La participation des élèves à la vie de l'établissement		
	La réussite sur le plan de la qualification	L'obtention d'un titre officiel		
		L'intégration des élèves au marché du travail		

B* = Besoins   P* = Priorités

Vous pouvez aussi reproduire, à l'intérieur du tableau suivant, les aspects correspondant aux axes, aux thèmes et aux sous-thèmes retenus. Vous ajoutez à la troisième colonne les données les plus pertinentes recueillies à cet égard. Par la suite, vous résumez les besoins qui ressortent sous la rubrique «Nos besoins». Nous avons ajouté une section qui vous permet de préciser les critères que vous avez utilisés afin de déterminer les besoins qui constituent vos priorités. Par exemple, avoir du pouvoir sur une situation, considérer l'impact d'une intervention, avoir déjà amorcé des actions par rapport à un besoin sont des critères qui vous aident à choisir vos priorités.

Résultat de l'analyse des besoins (synthèse)

Axes	Thèmes ou sous-thèmes	Données pertinentes recueillies

Nos besoins	Nos critères	Nos priorités

Pour la poursuite de la démarche

On peut lire dans le Rapport annuel 1998-1999 sur l'état des besoins en éducation du Conseil supérieur de l'éducation que « [...] l'autonomie des établissements demeure un élément majeur à considérer dans toute démarche d'évaluation institutionnelle, tout comme la participation et la concertation des divers acteurs qui sont partie prenante dans l'atteinte des objectifs de réussite éducative de chaque établissement » (CSE : 12). Affirmer l'autonomie des établissements au terme d'un processus qui englobe l'évaluation institutionnelle, c'est du même coup reconnaître cette même autonomie aux étapes qui la précèdent. C'est dans cette perspective que nous avons abordé l'analyse de la situation. Celle-ci est le point de départ d'une prise en charge de l'établissement, de sa propre organisation offrant des services éducatifs à une communauté, qui s'accomplit par une recherche, voire une invention, de nouveaux modèles d'action. Il ne s'agit plus, pour les établissements scolaires, d'appliquer des procédures déterminées a priori, mais bien de s'adapter à leur situation, à leur contexte et à leur environnement.

Ces transformations ne sont pas le fait unique du milieu scolaire. Les courants actuels concernant les organisations proposent une vision de celles-ci à l'image de systèmes complexes en interaction avec leur environnement. Cela se traduit, en gestion, par une exigence d'adaptation aux milieux interne et externe. On peut dès lors considérer qu'au-delà des prescriptions légales, il s'agit d'un véritable changement dans la façon de voir l'établissement scolaire et son fonctionnement.

L'analyse de la situation dont il a été question tout au long de cet ouvrage est le point initial d'un processus plus vaste qui amène l'établissement à déterminer ses orientations, ses objectifs, ses actions (moyens) et à procéder à sa propre évaluation. Nous avons mis en évidence, par ailleurs, la nécessité, au préalable, de construire avec l'ensemble des acteurs concernés le sens du mot « réussite ». Ce n'est qu'en identifiant des référents communs par rapport à ce qui est visé par l'établissement qu'il sera possible, au moment opportun, d'évaluer l'efficacité des actions et leur pertinence. Par la suite, nous avons avancé quelques idées et donné des indications, assorties à l'occasion d'outils, pour vous soutenir dans la réalisation de l'analyse de la situation de votre établissement.

Tout n'a pas été abordé et, évidemment, il reste encore beaucoup à dire concernant la suite des étapes. Dans un premier temps, il s'agira de faire le pont entre cet état de la situation et le choix des orientations du projet éducatif : comment passer des besoins des élèves qui sont mis en lumière par l'état de la situation aux priorités stratégiques ? Comment formuler les orientations qui en découlent ? Comment les distinguer des objectifs qui complètent le projet éducatif ? Dans un deuxième temps, il sera intéressant d'apporter des précisions relatives au plan de réussite, sa réalisation, son suivi et enfin d'aborder la question de l'évaluation et de la reddition de comptes. Nous aurons dès lors fait un tour d'horizon.

À la suite de nos observations, nous constatons un effort du milieu scolaire sur trois plans :

D'abord, un effort de cohésion entre les différents paliers par le biais des plans stratégiques, celui du MEQ et celui de la commission scolaire, de même que du projet éducatif et de son plan de réussite ;

Ensuite, un effort visant l'efficacité des actions en les ancrant dans une analyse de la situation étoffée par des données variées et appuyées, entre autres, par la recherche en éducation ;

Enfin, un effort de reconnaissance du caractère unique de chaque établissement et, conséquemment, de sa marge de manœuvre nécessaire.

Souhaitons que toute cette énergie et ces efforts déployés par les acteurs profitent au maximum aux élèves et à la société de manière plus générale.

Références bibliographiques

ASSOCIATION DES CADRES SCOLAIRES DU QUÉBEC (ACSQ), (2001). *L'évaluation des établissements d'enseignement primaire et secondaire au Québec. Un dispositif d'interaction complémentaire.*

ASSOCIATION DES CADRES SCOLAIRES DU QUÉBEC (ACSQ), (2001). *Assurance de la qualité et reddition de comptes. Rôles des services éducatifs dans l'évaluation des établissements.*

ASSOCIATION DES DIRECTRICES ET DES DIRECTEURS GÉNÉRAUX DES COMMISSIONS SCOLAIRES DU QUÉBEC (ADIGECS), (2000). *L'imputabilité dans le réseau scolaire.*

COMMISSION D'AMÉLIORATION DE L'ÉDUCATION (2000). *Planification de l'amélioration des écoles*, Gouvernement de l'Ontario, Ontario.

COMMISSION DE L'ÉVALUATION DE L'ENSEIGNEMENT COLLÉGIAL. *L'évaluation institutionnelle, cadre de référence*, Québec, Gouvernement du Québec.

CONSEIL SUPÉRIEUR DE L'ÉDUCATION. *L'évaluation institutionnelle en éducation : une dynamique propre au développement* – Rapport annuel 1998-1999 sur l'état des besoins en éducation.

ÉCOLE NATIONALE D'ADMINISTRATION PUBLIQUE ET GOUVERNEMENT DU QUÉBEC. *La planification* stratégique. Programme de formation pour les responsables de l'élaboration de la planification stratégique dans les ministères et organismes gouvernementaux, 24 septembre 2001.

FÉDÉRATION DES COMMISSIONS SCOLAIRES DU QUÉBEC (2001). *Pour une politique d'évaluation et de reddition de comptes en milieu scolaire.*

GOUVERNEMENT DU CANADA. *Guide d'élaboration des cadres de gestion et de responsabilisation axée sur les résultats*, Secrétariat du Conseil du trésor, 2001.

GOUVERNEMENT DU QUÉBEC. *Guide sur la convention de performance et d'imputabilité et sur l'entente de gestion*, Québec, 2000 (Collection Modernisation de la gestion publique).

GOUVERNEMENT DU QUÉBEC. *Les orientations stratégiques gouvernementales 2001-2003*, Québec, ministère du Conseil exécutif, 2001.

GOUVERNEMENT DU QUÉBEC. Loi sur l'administration publique, L. Q. 2000, chapitre 8, 30 mai 2000.

GOUVERNEMENT DU QUÉBEC (2002). Loi sur l'instruction publique, L.R.Q., chapitre I-13.3, Québec..

GOUVERNEMENT DU QUÉBEC. Loi 124 : Loi modifiant la Loi sur le Conseil supérieur de l'éducation et la Loi sur l'instruction publique, décembre 2002.

GAUTHIER, C., DESBIENS, J.-.F., MARTINEAU, S. (1999). *Mots de passe pour mieux enseigner*, Sainte-Foy, Les Presses de l'Université de Laval.

HOWDEN, J., KOPIEC, M. (2002). *Cultiver la collaboration*, Montréal, Chenelière/McGraw-Hill.

JANOZ, M., P. GEORGES, S. PARENT (1998). « L'environnement socio-éducatif à l'école secondaire : un modèle théorique pour guider l'évaluation du milieu ». *Revue Canadienne de Psycho-éducation*, Vol. 27, p. 285-306.

LEGENDRE, R., (1993). *Dictionnaire actuel de l'éducation*, Montréal, Guérin.

MINISTÈRE DE L'ÉDUCATION (2003), *Programme de formation de l'école québécoise – Enseignement secondaire, premier cycle*, Version approuvée, Québec.

MINISTÈRE DE L'ÉDUCATION. *La gestion par résultats. Document de référence portant sur l'utilisation de la planification opérationnelle et de l'analyse fonctionnelle pour l'implantation de la gestion axée sur les résultats*, Québec, 2001.

SECRÉTARIAT DU CONSEIL DU TRÉSOR. *Étude comparative sur les modalités d'implantation des outils de la gestion axée sur les résultats dans d'autres juridictions*, Québec, 2000.

SOLAR, C., (2001). *Équipes de travail efficaces. Savoirs et temps d'action*, Montréal, Les Éditions Logiques.